12 Milagros...

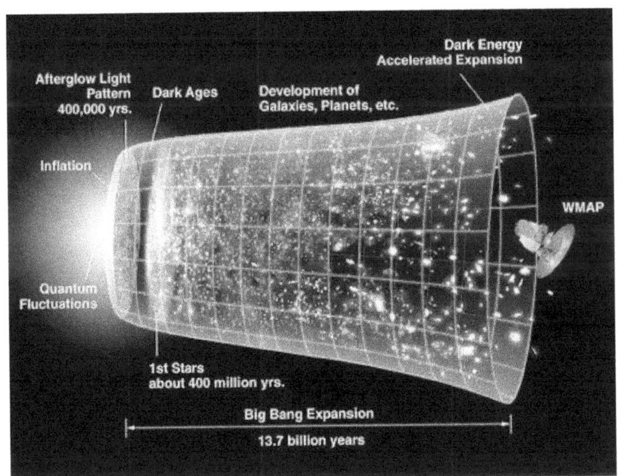

Gamaliel Rivera

ISBN 978-1-257-37064-1

Dedico este libro...

Primeramente a Dios, Hacedor de milagros y
Prodigios y Sustentador de nuestras vidas.

Y...

A mi esposa Ileana, hijo Sebastián e hijas Ámbar, Leilani
y Kalei, mi inspiración, motivación y fuerza motriz.

"Dios no juega a los dados con el universo." -- **Albert Einstein** [1]

Contenido

Introducción

Muchos pensarán que es obvio que los milagros "desafían la ciencia", por eso se conocen como *Milagros.* Y es cierto, de hecho, el diccionario de la Real Academia de la Lengua Española define "Milagro" como:

1. m. Hecho no explicable por las leyes naturales y que se atribuye a intervención sobrenatural de origen divino.

2. m. Suceso o cosa rara, extraordinaria y maravillosa.

3. loc. adv. U. para expresar que algo ha ocurrido cuando parecía imposible que ocurriese, o que no ha ocurrido cuando todo hacía creer que iba a suceder.

¿Por qué entonces escribir este libro sobre Milagros que desafían la ciencia? ¿Y por qué solo doce? No puedo expresar una razón categorical para ello, excepto que entiendo que existe la necesidad de mirar estos milagros, particularmente dos de ellos, en forma objetiva, sin prejuicios, y a la luz de la misma ciencia que desafían.

No soy físico, ni astro-físico, ni cosa que parezca. Si cursé estudios en teología, ingeniería civil y diseño arquitectónico. Pero no creo se requiera de uno de éstos para comprender la grandeza de éstos milagros mirándolos a la luz de la ciencia.

Prosigamos entonces y demos un vistazo a *Doce Milagros Que Desafían La Ciencia.*

La Creación

(Génesis 1:1-2:3)

La Creación

(Génesis 1:1-2:3)

La narración bíblica de este milagro lo encontramos en Génesis 1:1-2:3, donde leemos:"En el principio creó Dios los cielos y la tierra. Y la tierra estaba desordenada y vacía, y las tinieblas estaban sobre la faz del abismo, y el espíritu de Dios se movía sobre la faz de las aguas. Y dijo Dios: Sea la luz; y fue la luz. Y vio Dios que la luz era buena; y apartó Dios a la luz de las tinieblas. Y llamó Dios a la luz Día, y a las tinieblas llamó Noche; y fue la tarde y la mañana un día.

Y dijo Dios: Sea un extendimiento en medio de las aguas, y haya apartamiento entre aguas y aguas. E hizo Dios un extendimiento, y apartó las aguas que estaban debajo del extendimiento, de las aguas que estaban sobre el extendimiento; y fue así. Y llamó Dios al extendimiento Cielos; y fue la tarde y la mañana el día segundo.

Y dijo Dios: Júntense las aguas que están debajo de los cielos en un lugar, y descúbrase lo seco; y fue así. Y llamó Dios a lo seco Tierra, y al ayuntamiento de las aguas llamó Mares; y vio Dios que era bueno. Y dijo Dios: Produzca la tierra hierba verde, hierba que haga simiente; árbol de fruto que haga fruto según su naturaleza, que su simiente esté en él sobre la tierra; y fue así. Y produjo la tierra hierba verde, hierba que hace simiente según su naturaleza, y árbol que hace fruto, cuya simiente está en él según su naturaleza; y vio Dios que era bueno. Y fue la tarde y la mañana el día tercero.

Y dijo Dios: Sean luminarias en el extendimiento de los cielos para apartar el día y la noche; y sean por señales, y por tiempos determinados, y por días y años; y sean por luminarias en el extendimiento de los cielos para alumbrar sobre la tierra; y fue así. E hizo Dios las dos luminarias grandes; la luminaria grande para que señorease en el día, y la luminaria pequeña para que señorease en la noche, y las estrellas. Y las puso Dios en el extendimiento de los cielos, para alumbrar sobre la tierra, y para señorear en el día y en la noche, y para apartar la luz y las tinieblas; y vio Dios que era bueno. Y fue la tarde y la mañana el día cuarto.

Y dijo Dios: Produzcan las aguas gran cantidad de criaturas de alma viviente, y aves que vuelen sobre la tierra, sobre la faz del extendimiento de los cielos. Y creó Dios los grandes dragones, y todo animal que vive, que las aguas produjeron según sus naturalezas, y toda ave de alas según su naturaleza; y vio Dios que era bueno. Y Dios los bendijo diciendo: Fructificad y multiplicaos, y llenad las aguas en los mares, y las aves se multipliquen en la tierra. Y fue la tarde y la mañana el día quinto.

Y dijo Dios: Produzca la tierra alma viviente según su naturaleza, bestias y serpientes, y animales de la tierra según su naturaleza; y fue así. E hizo Dios animales de la tierra según su naturaleza, y bestias según su naturaleza, y todas las serpientes de la tierra según su naturaleza; y vio Dios que era bueno.

Y dijo Dios: Hagamos al hombre a nuestra imagen, conforme a nuestra semejanza; y señoree en los peces del mar, y en las aves de los cielos, y en las bestias, y en toda la tierra, y en toda serpiente que se anda arrastrando sobre la tierra. Y creó Dios al hombre a su imagen, a imagen de Dios lo creó; macho y hembra los creó. Y los bendijo Dios; y les dijo Dios: Fructificad y multiplicaos, y llenad la tierra, y sojuzgadla, y señoread en los peces del mar, y en las aves de los cielos, y en todas las bestias que se mueven sobre la tierra. Y dijo Dios: He aquí os he dado toda hierba que hace simiente, que está sobre la faz de toda la tierra; y todo árbol en que hay fruto de árbol que haga simiente, os serán para comer. Y a toda bestia de la tierra, y a todas las aves de los cielos, y a todo lo que se mueve sobre la tierra, en que hay ánima viviente, toda verdura de hierba verde les será para comer; y fue así. Y vio Dios todo lo que había hecho, y he aquí que era bueno en gran manera. Y fue la tarde y la mañana el día sexto."[2]

Génesis 2:

"Y FUERON acabados los cielos y la tierra, y todo su ornamento. Y acabó Dios en el día séptimo su obra que hizo, y reposó el día séptimo de toda su obra que había hecho. Y bendijo Dios al día séptimo, y santificólo, porque en él reposó de toda su obra que había Dios criado y hecho. Estos son los orígenes de los cielos y de la tierra cuando fueron criados, el día que Jehová Dios hizo la tierra y los cielos, Y toda planta del campo antes que fuese en la tierra, y toda hierba del campo antes que naciese: porque aun no había Jehová Dios hecho llover sobre la tierra, ni había hombre para que labrase la tierra;"

Aquí vemos lo que yo prefiero identificar como un doble milagro. O sea, dos milagros en uno. Es obvio que uno de los dos milagros es el que da tema a este capítulo; **La Creación**. Sin embargo, el otro milagro, que considero de mayor importancia y envergadura, es al que la mayoría de las personas dan por sentado y no le prestan mucha atención. No digo con esto que le restan importancia, sino más bien que no le brindan la importancia que merece. Me refiero al milagro de la existencia de Dios.

Notemos que el primer verso, del primer capítulo, del primer libro de la biblia comienza diciendo: "*En el principio creó Dios...*" No se invierte ni siquiera una tilde en probar la existencia de Dios, sino que se establece como la base sobre la cual se ha de edificar toda la estructura bíblica. De hecho, no he encontrado que se dedique mucho, por no decir nada, de las sagradas escrituras a probar la existencia de Dios, sino más bien se establece su existencia, se da por sentado y se presenta como requisito de la fe (Gén. 15:6, Salmo 14:1, Heb. 11:6).

En cierta occasion alguien preguntó a un reconocido teólogo de cómo podia estar tan seguro de que Dios existe, éste contestó con dos palabras, "el judío".

En cuanto al milagro de la creación, podemos notar que, aunque hoy día se debaten varias filosofías (creación-evolutiva, creación directa, etc.) Dios solo dijo y fue hecho. No debemos dedicar tiempo a discutir si cuando las escrituras dicen "...fue la tarde y la mañana, un día" significa un período de veinticuatro horas o si transcurrieron cientos o miles de años. Lo importante aquí es, Dios lo dijo y fue hecho. Pues la clave de la creación es Dios lo dijo, pues en treinta y seis versos, encontramos las palabras "y dijo Dios" nueve ocasiones.

Con todo, demos un vistazo a la creación en terminos generales "día a día"

- **Día 1** – Dios creó la luz y la separó de las tinieblas, llamado la luz *día* y a la oscuridad *noche.*
- **Día 2** – Dios creó una expansión para separar las aguas que estaban arriba de las aguas que estaban abajo y llamó la expansión *cielos.*
- **Día 3** – Dios creó la tierra seca y juntó las aguas, llamando lo seco *tierra* y las aguas llamó *mares.* Tambien creó la vegetación (flora).
- **Día 4** – Dios creó el sol, la Luna y las estrellas que iluminan la tierra y separan y gobiernan el día y la noche. Estos tambien servirían como señales o indicadores de las estaciones, días, y años.
- **Día 5** – Dios creó toda cosa viviente en los mares y toda ave, bendiciéndole para que se multiplicasen y llenasen las aguas y los aires con vida.
- **Día 6** – Dios creó los animales que llenan la tierra. Tambien creó al hombe (Adán) y la mujer (Eva) a su imagen y semejanza para tener comunión con El. Les bendijo y les puso sobre toda criatura viviente sobre la tierrra, para cuidarles y cultivar.
- **Día 7** – Dios había terminado su obra de creación por lo que descansó en el día séptimo y le bendijo y le hizo sagrado.

Encuentro irónico que haya personas que no quieren creer ni aceptar la postura de la creación por el mero hecho de que no quieren aceptar y creer en un Ser Supremo. Sin embargo, estas mismas personas creen en una teoría que desplaza, en mi opinión, algunas de las leyes de la física, la Teoría del "Big Bang". Me explico. El "big bang" lo que implica es que "*el universo comenzó realmente pequeño (mucho más que un grano de arena) e increíblemente denso, y, de pronto se expande a lo que tenemos hoy día...*"[3] O sea, que todo se debió al azar, no hubo cálculos, análisis ni criterio alguno, sino que donde hayan llegado los cuerpos celestes, ahí se han quedado, solo por que sí. Sin embargo, cuando se ha de colocar un satélite en el espacio, digamos para transmisiones televisivas, se calcula el día (pues solo existe "una ventana"), la velocidad de traslación y la posición del satélite. Si el satélite está más cerca de lo que debe estar, se estrella contra la tierra; si está más lejos, es expulsado al espacio. Entonces pregunto yo; si el hombre, ser imperfecto, tiene que calcular todo esto, ¿cómo es que vamos a aceptar que el planeta Tierra está donde debe estar solo por casualidad? Si se acerca más al sol, sería demasiado caliente para nosotros habitarlo; si se aleja más, demasiado frío. ¿Y vamos a aceptar que está justo donde debe estar "por mera casualidad"?

Leemos que "*Dios... descansó en el día séptimo*". ¿Acaso se había cansado Dios luego de haber trabajado por seis días en la creación del vasto universo? No lo creo, y eso lo podemos ver en el Salmo 121:4 donde leemos "*...he aquí no se adormecerá ni dormirá el que guarda a Israel*", además leemos en 1 Reyes 18:27 que *Elías se burlaba de ellos y decía: Clamad en voz alta, pues es un dios; tal vez estará meditando o se habrá desviado, o estará de viaje, quizá esté dormido y habrá que despertarlo.*"[4]

Las Diez Plagas

(Exodo 7:19-11:5)

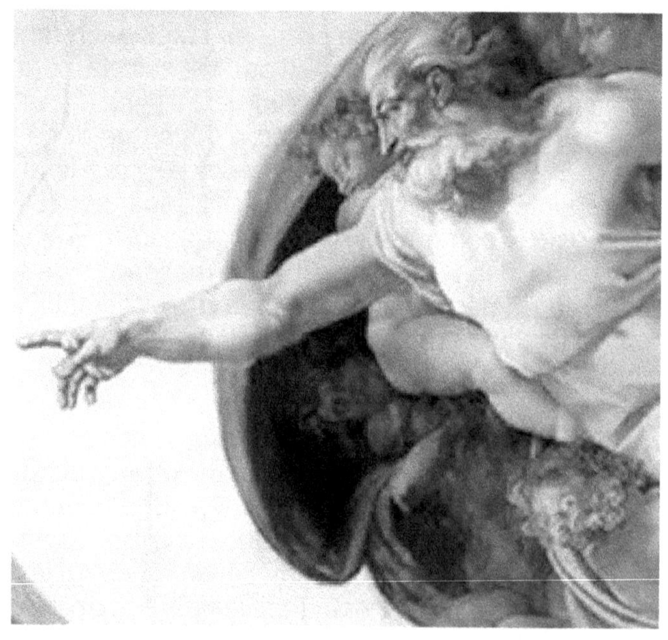

Las Diez Plagas De Egipto

(Exodo 7:19-11:5)

Jacob contaba con ciento treinta años, José contaba con cuarenta años, cuando entró con su prole a Egipto.[5] Establecen las escrituras que las personas que entraron a Egipto fueron setenta.[6] Luego de diecisiete años, fallece Jacob en Egipto, a los ciento cuarenta y siete años[7], José contaba con cincuenta y siete años de edad. Luego de cincuenta y tres años de la muerte de su padre Jacob, y setenta años desde que Israel arrivó a Egipto, fallece José a los ciento diez años[8].

Y los hijos de Israel se multiplicaron en grande manera, "*y se levantó... un rey que no había conocido a José*"[9]. Es obvio que al decir que "*no había conocido a José*", quiere decir que era de los nacidos en una de las generaciones que siguieron la de José. Este rey temía porque el pueblo de Israel "*llegó a ser poderosos en gran manera, y llenaron la tierra*"[10].

Han transcurrido unos trescientos cincuenta años desde que el pueblo de Israel entró a Egipto. Han crecido y se han multiplicado. Este nuevo rey teme que en caso de guerra, los israelitas pudieran aliarse a los enemigos de Egipto[11]. Por lo que decide oprimirles. Desde aquí en adelante ya los israelitas no son vistos como ciudadanos iguales a los egipcios y comienza el período de esclavitud u opresión profetizada a Abraham[12]. Esta profecía establece que la prole de Abraham sería "*peregrina en tierra no suya*", y que "*será afligida y servirá a los y servirá á los de allí, y serán por ellos afligidos cuatrocientos años.*" Transcurridos unos doscientos ochenta años de la muerte de José, nace Moisés. Ya, a la fecha del nacimiento de Moisés, han transcurrido unos trescientos cincuenta años desde que el pueblo de Israel entró a Egipto y ha sido oprimido por unos ciento cincuenta, o doscientos años. El clamor del pueblo llega a Dios y Dios levanta un libertador. Su nombre, Moisés.

La biblia no establece la edad de Moisés cuando huye de Egipto luego de matar a un egipcio que golpeaba un hebreo. Pero podemos presumir que ya era mayor de edad, tal vez entre veinte y treinta años. Existen algunos escritos donde los reyes hablan sobre su juventud. Por ejemplo, "*Amenhotep II... menciona algunos aspectos de su mayoría de edad. Indica su madurez física al referirse a sí mismo como "un hermoso joven bien desarrollado y que ha alcanzado sus dieciocho años sobre sus muslos en fortaleza*".[13]

Moisés huye, pues al enterarse Faraón de sus acciones, le quiso matar (Exodo 2:11, 12, 15). Durante su huída, Moisés conoce a Séfora, hija de Jetro[14] sacerdote de Madián, quien vino a ser su esposa[15]. Luego de unos cuarenta años, Moisés regresa a Egipto y se presenta ante Faraón[16]. Moisés contaba con ochenta años, y le esperaba una gran encomienda.

El Milagro de la Liberación

Moisés entendía lo que habría de enfrentar, pues Dios le había dicho que *"Y yo sé que el rey de Egipto no os dejará ir sino por mano fuerte."*[17] Muchos argumentan que porque Dios le dijo a Moisés "Y yo endureceré el corazón de Faraón, y multiplicaré en la tierra de Egipto mis señales y mis maravillas"[18], Dios estaba siendo injusto con Faraón. Creo que se debe establecer que Dios lo que le quiso decir a Moisés era que luego de cada señal, Faraón se endurecería más y más. No que Dios le endurecería el corazón a Faraón.

Las Plagas Sobre Egipto

1. **Agua en Sangre** (Exodo 7:19)

   "Y Jehová dijo a Moisés: Di a Aarón: Toma tu vara, y extiende tu mano sobre las aguas de Egipto, sobre sus ríos, sobre sus arroyos y sobre sus estanques, y sobre todos sus depósitos de aguas, para que se conviertan en sangre, y haya sangre por toda la región de Egipto, así en los vasos de madera como en los de piedra."

Los egipcios eran politeístas. Sus deidades incluían a *Osiris*, dios jefe, dios del Nilo; *Isis*, esposa de *Osiris*, diosa madre; *Horus*, hijo de *Osiris* e *Isis*; *Hapimon* (en el norte) y *Tauret* (en el sur) diosa hipopótamo del río; *Nu*, dios de la vida del Nilo y *Sobek*, el dios del agua, conocido tambien como "el dios cocodrilo". Este era representado por un hombre con cabeza de cocodrilo y simbolizaba la fortaleza faraónica. Según las leyendas egipcias, *Sobek* salió de "Las Oscuras Aguas" para organizar el mundo. Tambien puede ser un completamente un cocodrilo, que puede arrebatar y destruir, con una corona de plumas sobre su cabeza, esto simbolizando la autoridad real. Dios quería establecer su poderío por encima de estos dioses. Con todo, este milagro pudo ser duplicado por los magos de Faraón, por lo que muchas personas lo ponen en tela de juicio como milagro.

2. **Ranas** (Exodo 8:2-5)

"Y si no lo quisieres dejar ir, he aquí yo heriré con ranas todos tus términos: Y el río criará ranas, las cuales subirán, y entrarán en tu casa, y en la cámara de tu cama, y sobre tu cama, y en las casas de tus siervos, y en tu pueblo, y en tus hornos, y en tus artesas: Y las ranas subirán sobre ti, y sobre tu pueblo, y sobre todos tus siervos. Y Jehová dijo á Moisés: Di á Aarón: Extiende tu mano con tu vara sobre los ríos, arroyos, y estanques, para que haga venir ranas sobre la tierra de Egipto."

Otra de las deidades egipcias lo era *Hekt*, la diosa rana. Considerada hija de *Ra*, podía tomar la forma de una rana ya que la rana era símbolo de fertilidad y regeneración. Se decía que *Hekt* protegía a los recién nacidos, por lo que las ranas son símbolo de fertilidad. En muchas ocasiones se les llamaba a las parteras "servidoras de *Hekt*", y reclamaban ser sus sacerdotisas. Nuevamente Dios establece su autoridad sobre las deidades egipcias, aunque como la primera plaga, ésta tambien fue duplicada por los magos de Faraón.

3. **Piojos** (Exodo 8:16)

"Entonces Jehová dijo á Moisés: Di á Aarón: Extiende tu vara, y hiere el polvo de la tierra, para que se vuelva piojos por todo el país de Egipto. Y ellos lo hicieron así; y Aarón extendió su mano con su vara, é hirió el polvo de la tierra, el cual se volvió piojos, así en los hombres como en las bestias: todo el polvo de la tierra se volvió piojos en todo el país de Egipto. Y los encantadores hicieron así también, para sacar piojos con sus encantamientos; mas no pudieron. Y había piojos así en los hombres como en las bestias. Entonces los magos dijeron á Faraón: Dedo de Dios es este. Mas el corazón de Faraón se endureció, y no los escuchó; como Jehová lo había dicho."

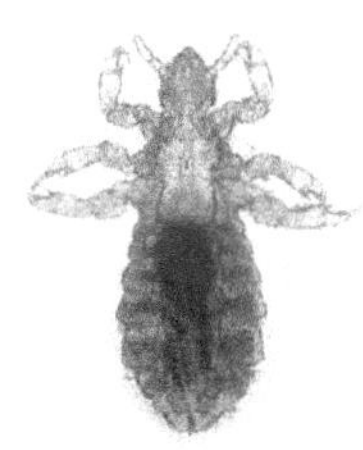

Aquí vemos un milagro creativo. Del polvo de la tierra, se formó la plaga de piojos. "Este golpe estaba dirigido más bien a la persona de los egipcios, aunque tambien mostraba el poder de Dios sobre el dios egipcio *Geb*, dios de la tierra. Sus cuerpos cubiertos con piojos, era una repensión a su orgullo. Herodotus (2:37) hace referencia al aseo de los egipcios: 'Tan escrupulosos eran los sacerdotes en este aspecto que hasta razuraban sus cabezas y cuerpos cada tres días, por temor a dar acogida a alguna sabandija mientras se ocupaban de sus sagradas obligaciones.' Como dijo alguien más, 'Este golpe por tanto doblegaría su orgullo y mancharía su gloria, convirtiéndose en objetos de aversión y asco.' La clave del significado moral de esta tercera plaga se encuentra en la fuente de donde procedieron los piojos. Aarón '*hirió el polvo de la tierra, el cual se volvió piojos, así en los hombres como en las bestias*' (8:16)"[19] Esta plaga no pudo ser duplicada por los magos de Faraón.

4. **Moscas** (Exodo 8:21, 22)

"Porque si no dejares ir á mi pueblo, he aquí yo enviaré sobre ti, y sobre tus siervos, y sobre tu pueblo, y sobre tus casas toda suerte de moscas; y las casas de los Egipcios se henchirán de toda suerte de moscas, y asimismo la tierra donde ellos estuvieren. Y aquel día yo apartaré la tierra de Gosén, en la cual mi pueblo habita, para que ninguna suerte de moscas haya en ella; á fin de que sepas que yo soy Jehová en medio de la tierra."

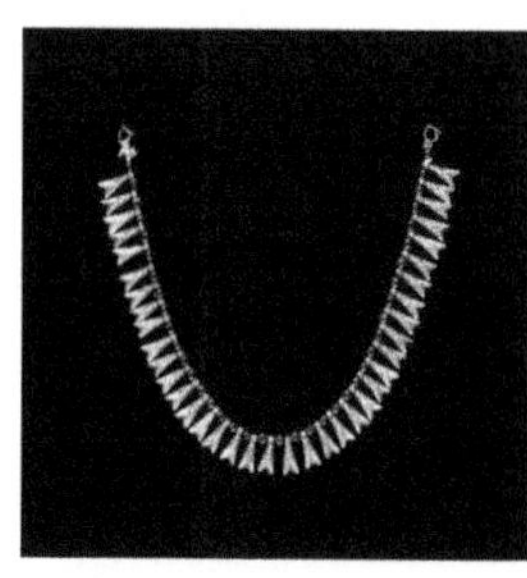

Collar de Moscas de la 18va Dinastía Egipcia (1470-1350 AC)

"Los amuletos de moscas en oro y granos de granate aparecieron por primera vez en las postrimerías del período Predinástico, ca. 3100 AC. Continuaron a través del Rein Medio (2040-1750 AC) y el Nuevo Reino (1550-1070 AC) y eran hechos de varios materiales, incluyendo piedra, loza y vidrio. Su propósito exácto es incierto. Pueden haber tenido el propósito de otorgar la notoria fecundidad de la mosca al usuario, o pueden haber sido utilizados simplemente para alejar o protegerle de ésta común plaga."[20] Con todo, si hay que hacer una observación. Leemos en el verso 22 que "*...aquel día yo apartaré la tierra de Gosén, en la cual mi pueblo habita, para que ninguna suerte de moscas haya en ella; á fin de que sepas que yo soy Jehová en medio de la tierra.*" Dios hace una separación entre Su pueblo y el pueblo egipcio, y demuestra Su grandeza sobre el rey de los dioses egipcios, *Amon-Ra*. Esta plaga tampoco pudo ser duplicada por los magos de Faraón.

5. **Pestilencia en Ganado** (Exodo 9:3, 4)

"He aquí la mano de Jehová será sobre tus ganados que están en el campo, caballos, asnos, camellos, vacas y ovejas, con pestilencia gravísima: Y Jehová hará separación entre los ganados de Israel y los de Egipto, de modo que nada muera de todo lo de los hijos de Israel."

"En muchas ocasiones, los animales tenian valor simbólico para los egipcios. Por ejemplo, el ibis, ave con pico curvo, era considerado sagrado porque su arribo cada año coincidía con el desbordamiento del Río Nilo. El Nilo proveía irrigación a las siembras, y el ibis se convirtió en un símbolo de la generosidad del río. La cobra era vista como símbolo de poder, y su imagen era a menudo utilizada en las coronas de los faraones.

Los egipcios creían que los dioses crearon a los humanos y animales. Consideraban que los animales eran sus socios independientes en el planeta tierra, en vez de sus subyugados".[21] Aquí podemos notar dos eventos significativos. Primero, nuevamente Dios separa *"la tierra de Gosén, en la cual mi pueblo habita..."* estableciendo una diferencia entre los que son Su pueblo, y los que no lo son. El otro punto es que nuevamente Dios establece Su soberanía por encima de las deidades egipcias entre los cuales se encuentra *Apis*, representado por el "bull dog", *Hathor*, diosa de los desiertos, con cabeza de vaca, y *Bubastis*, diosa del amor, representada por una gata. A través de esta plaga vemos la autoridad de Dios sobre la enfermedad. Esta plaga tampoco fue duplicada por los magos de Faraón.

6. **Sarpullido Y Tumores** (Exodo 9:9-11)

"Y vendrá á ser polvo sobre toda la tierra de Egipto, el cual originará sarpullido que cause tumores apostemados en los hombres y en las bestias, por todo el país de Egipto. Y vendrá á ser polvo sobre toda la tierra de Egipto, el cual originará sarpullido que cause tumores apostemados en los hombres y en las bestias, por todo el país de Egipto. Y los magos no podían estar delante de Moisés á causa de los tumores, porque hubo sarpullido en los magos y en todos los Egipcios."

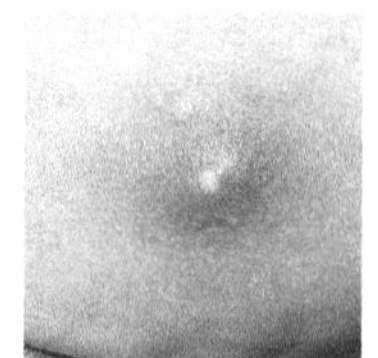

"Un absceso es una infección e inflamación del tejido del organismo caracterizado por la hinchazón y la acumulación de pus. Puede ser externo y visible, sobre la piel, o bien interno..."[22] Esta plaga, al igual que la de los piojos, humilla la persona del egipcio y es dirigida en contra de *Thoth*, representado por un hombre con cabeza de ibis, dios de la inteligencia y el conocimiento médico; *Apis*, *Serapis* e *Imhotep*. *"Los abscesos de la piel pueden seguir una infección bacteriana, comúnmente una infección con el estafilococo. Pueden convertirse después de una herida de menor importancia, lesión, o como complicación del folliculitis o de las ebulliciones. Los abscesos de la piel pueden ocurrir dondequiera en el cuerpo. Afectan a gente de todas las edades.*[23] Podemos nuevamente ver la autoridad de Dios sobre la enfermedad.

7. **Tronada Y Granizo** (Exodo 9:18-26)

"He aquí que mañana á estas horas yo haré llover granizo muy grave, cual nunca fué en Egipto, desde el día que se fundó hasta ahora. Envía, pues, á recoger tu ganado, y todo lo que tienes en el campo; porque todo hombre ó animal que se hallare en el campo, y no fuere recogido á casa, el granizo descenderá sobre él, y morirá. De los siervos de Faraón el que temió la palabra de Jehová, hizo huir sus criados y su ganado á casa:..."

"Cairo – Una fuerte granizada en Egipto mató a por lo menos cuatro personas y herido a aproximadamente 50. La tormenta ha causado caos extremo en las calles de la capital egipcia. La granizada fue seguida por una onda de calor. El clima severo ha causado caos en las calles de la capital, mientras que los accidentes automovilísticos han aumentado al igual que el pánico entre los ciudadanos. Se vieron resbalozas carreteras e impactos consistentes de rayos sobre el pavimento."[24]

Esto fue reportado en febrero de 2010, pero no se compara con la granizada causada por la dureza del corazón de Faraón. *"Los rayos y los truenos deben haber sido más terribles en Egipto que en ningún otro lugar, porque las lluvias eran casi desconocidas; las tormentas eran raras, y más aún lo era el granizo. Los egipcios adoraban el fuego y el agua más que todos los demás elementos. Estas supuestas deidades vinieron sobre Egipto con gran terror y poder destructor. Isis y Osiris, los dioses del agua y del fuego, fueron impotentes para proteger a Egipto del fuego y del granizo de Dios..."*[25]

Nuevamente vemos cómo Dios hace diferencia entre Su pueblo y los egipcios. Esta plaga establecía la supremacía de Dios sobre los dioses egipcios *Shu*, dios del viento, *Nut*, diosa del cielo, y *Horus*, dios del cielo en "Egipto Arriba", representado por un hombre con cabeza de halcón. "

¿Has tú entrado en los tesoros de la nieve, O has visto los tesoros del granizo, Lo cual tengo yo reservado para el tiempo de angustia, Para el día de la guerra y de la batalla?"[26]

8. **Langostas** (Exodo 10:4, 5)

"Y si aún rehúsas dejarlo ir, he aquí que yo traeré mañana langosta en tus términos, La cual cubrirá la faz de la tierra, de modo que no pueda verse la tierra; y ella comerá lo que quedó salvo, lo que os ha quedado del granizo; comerá asimismo todo árbol que os produce fruto en el campo:"

Vemos nuevamente cómo Dios establece diferencia entre Su pueblo y los egipcios, y establece Su dominio como único y verdadero Dios por encima de los dioses egipcios *Nepri*, dios del grano; *Emutet*, diosa del nacimiento y la cosecha; *Anubis*, guardián del campo, representado por un hombre con cabeza de chacal y *Osiris*, dios de la agricultura. Dios establece su Señorío sobre la creación.

9. **Tinieblas** (Exodo 10:21, 22)

"Y Jehová dijo á Moisés: Extiende tu mano hacia el cielo, para que haya tinieblas sobre la tierra de Egipto, tales que cualquiera las palpe. Y extendió Moisés su mano hacia el cielo, y hubo densas tinieblas tres días por toda la tierra de Egipto."

Las escrituras establecen que "*...dijo Dios: Sea la luz; y fue la luz.* 4 *Y vio Dios que la luz era buena; y apartó Dios a la luz de las tinieblas.* 5 *Y llamó Dios a la luz Día, y a las tinieblas llamó Noche...*" Esta plaga establecía la soberanía de Dios por encima de *Ra*, dios del sol, *Aten*, disco solar, *Horus*; *Shu*, dios de la luz y las deidades de la luna y los planetas. Podemos ver aquí que la biblia es su propio intérprete, es obvio que si Dios creó la luz separándole de las tinieblas, podía traer las tinieblas sobre la tierra, siendo que las tinieblas son meramente la ausencia de la luz.

10. **Muerte de los Primogénitos** (Éxodo 11:4, 5)

"Y dijo Moisés: Jehová ha dicho así: A la media noche yo saldré por medio de Egipto, Y morirá todo primogénito en tierra de Egipto, desde el primogénito de Faraón que se sienta en su trono, hasta el primogénito de la sierva que está tras la muela; y todo primogénito de las bestias."

He aquí la cumbre de las plagas. Como Dios había establecido, Faraón no dejaría ir al pueblo hebreo si no por mano dura. ¿Qué mas duro que perder un hijo? Con todo, podemos ver que nuevamente Dios establece una diferencia entre Su pueblo y los egipcios. El ángel de la muerte no visitó a los hebreos. Con esta señal Dios tiró por tierra a todos los dioses egipcios, y estableció su autoridad sobre la muerte.

El Cruce Del Mar Rojo

(Éxodo 7:19-11:5)

El Cruce Del Mar Rojo
(Exo. 12:37-15:21)

"Y partieron los hijos de Israel de Rameses á Succoth, como seiscientos mil hombres de á pie, sin contar los niños..."

Han transcurrido unos cuatrocientos treinta años[27] desde que Israel entró a Egipto. Las escrituras establecen que "*todas las almas de los que salieron del muslo de Jacob, fueron setenta. Y José estaba en Egipto.*" Estas "setenta almas" se multiplicaron hasta llegar a los "*seiscientos mil hombres de a pie, sin contar los niños...*" Salen de Egipto, de la tierra de Gosén, con destino a Canaán. La tierra prometida a Abraham. El viaje, por la ruta tradicional de mercaderes, se tomaría unos doce o tal vez quince días, les tomó a los israelitas cuarenta años. El por qué, no lo vamos a mirar en este libro, más bien, de esta travesía hemos de mirar un evento que ha traído gran controversia y diferentes interpretaciones. El evento, el cruce del Mar Rojo.

En cierta ocasión escuchaba un predicador presentando una ilustración durante un mensaje que sobre este tema. El predicador decía: "Y cuando el pastor hablaba sobre cómo el ejército de Faraón fue destruido al perseguir a los israelitas a través del cruce del Mar Rojo, un hermano, curtido por el sol, de piel y hablar rustico gritaba a todo pulmón '¡Aleluya, sea Dios glorificado!' Al terminar, el pastor se le acerca al hermano y le pregunta por qué tanta emoción y tanta euforia si él [el pastor] había explicado que el famoso cruce del Mar Rojo no ocurrió como siempre se ha creído, sino que fue en un sector conocido como el Mar de los Juncos, donde sólo se acumulan unas cuatro pulgadas de agua. Y nuevamente el hermano grita a todo pulmón: 'Aleluya, sea Dios glorificado'. A lo que el pastor seguidamente le pregunta: '¿Hermano, por qué la emoción y la euphoria? ¿Es que no entiende que los israelitas no cruzaron el Mar Rojo como siempre se ha pensado, sino que cruzaron por un tipo de manglar con cuatro pulgadas de agua?' Continúa el predicador con su ilustración diciendo: "¡Pastor, eso hace el milagro aún más grande, pues todo el ejército de Faraón, con sus caballos, se ahogaron en cuatro pulgadas de agua!"

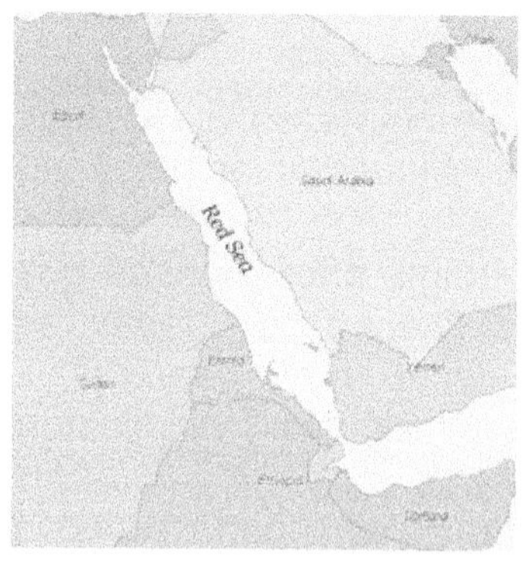

Realmente, ésa es la actitud que todo aquél que cree las escrituras debe tener. No importa cómo lo tergiversen, Dios es glorificado, pues el milagro ocurre de una u otra forma.

El Mar Rojo es un "brazo de mar" del Océano Índico. Se encuentra entre África y Asia. La conección al Océano Índico se encuentra al sur, a través del estrecho de Bab el Mandeb y el Golfo de Aden. Al norte se encuentran la Península del Sinaí, el Golfo de Suez y el Golfo de Aquabad. Ocupando parte del Gran Valle del Rift, tiene una superficie de aproximadamente 169,100 millas cuadradas (438,000 Km. Cuad.), con unas 1398 millas (2250 Km) de largo, y en su punto más ancho, mide unas 220 millas (220.6 Km). Cuenta con una profundidad de 7254 pies (1.37 millas, 2,211 mts) en su trinchera mediana central y una profundidad promedio de 1,608 pies (490 mts.). Sin embargo cuenta con algunos niveles de poca profundidad.[28]

Y parte el pueblo israelita de la tierra de Gosén rumbo a la tierra que Dios prometió a Abraham. Leemos en Éxodo 12:37 que parten de Remesés a Succoth y de ahí parten hacia Ethan (13:20). Sin embargo, Dios habla a Moisés y le dice: "*Habla á los hijos de Israel que den la vuelta, y asienten su campo delante de Pihahiroth, entre Migdol y la mar hacia Baalzephón: delante de él asentaréis el campo, junto á la mar. Porque Faraón dirá de los hijos de Israel: Encerrados están en la tierra, el desierto los ha encerrado. Y yo endureceré el corazón de Faraón para que los siga; y seré glorificado en Faraón y en todo su ejército; y sabrán los Egipcios que yo soy Jehová.*"[29] ¿Dónde se ubica este lugar? Podemos ver en este mapa que el pueblo de Israel se movió desde Ramesés en dirección sur-sureste hasta llegar a Succoth y luego a Ethan, de donde se dirigen hacia el oeste, luego al sur y ligeramente al sureste hasta Pi Hahiroth, justo entre Migdol y el Mar Rojo. Es aquí donde el pueblo le reclama a Moisés diciendo: "*...¿No había sepulcros en Egipto, que nos has sacado para que*

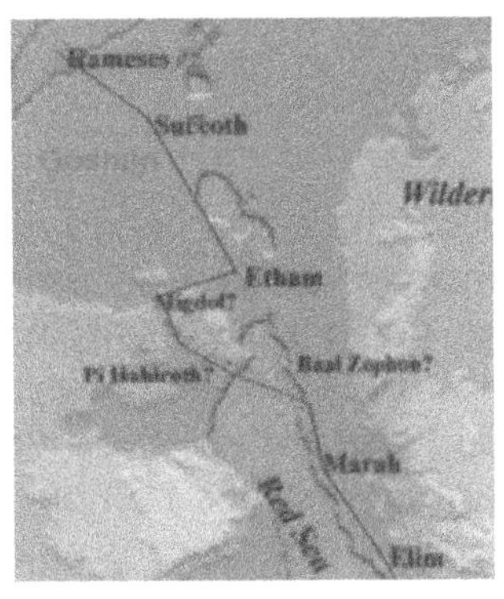

muramos en el desierto? ¿Por qué lo has hecho así con nosotros, que nos has sacado de Egipto? ¿No es esto lo que te hablamos en Egipto, diciendo: Déjanos servir á los Egipcios? Que mejor nos fuera servir á los Egipcios, que morir nosotros en el desierto."[30] A este reclamo, Moisés les garantiza que Dios ha de pelear por ellos, pero él mismo desconoce la magnitud del milagro que ha de ocurrir.

Esto lo podemos deducir de los versos quince y dieciséis, donde leemos: "*Entonces Jehová dijo á Moisés: ¿Por qué clamas á mí? Di á los hijos de Israel que marchen. Y tú alza tu vara, y extiende tu mano sobre la mar, y divídela; y entren los hijos de Israel por medio de la mar en seco.*" Imaginemos el rostro de Moisés cuando Dios le dice "*...alza tu vara, y extiende tu mano sobre la mar, y divídela...*" He aquí el comienzo de uno de los mayores dilemas presentados en la biblia. Han surgido interrogantes tras interrogantes.

¿Dónde realmente cruzaron? ¿Realmente se separaron las aguas y pasaron en seco? Obviamente los que creen en las escrituras y se dirigen por Hebreos 11:1 y 6, no tienen problema con que las aguas del Mar Rojo hayan sido separadas aún en su nivel más profundo. Mirando el mapa, podemos ver que, partiendo de la premisa de que ilustre la ruta del éxodo, que el cruce se efectuó entre lo que hoy se conoce como Adabiya en la costa este del continente africano y Ras Misalla, en la península del Sinaí. La distancia entre estos dos puntos es de aproximadamente nueve y un cuarto de millas (quince kilómetros). Distancia que una persona promedio podría cubrir en aproximadamente tres horas con seis minutos. Ahora, considerando que el pueblo de Israel contaba con seis cientos mil hombres de a pie, sin contar niños, caminando de cuatro en fondo, o

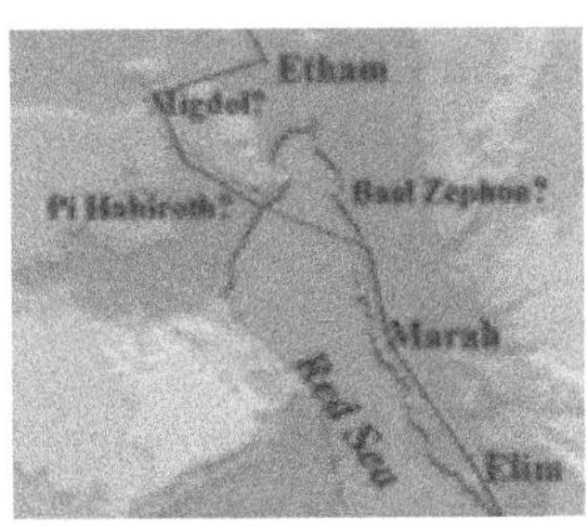

sea cuatro columnas de unos ciento cincuenta mil hombres de a pie cada una, se requeriría de aproximadamente veinte horas.

Veamos esto matemáticamente. Partiendo de la premisa de que la velocidad de una persona promedio es de tres millas por hora, y el trecho que han de cruzar mide aproximadamente nueve millas, le tomaría unas tres horas en llegar de un lado al otro. Ahora, siendo que la biblia establece que "los hombres de a pie" eran seis cientos mil, podemos deducir que si cada uno de estos hombres estaba casado con una sola mujer, y habían engendrado tres hijos cada matrimonio, tendríamos un total de un millón doscientos mil hombres y mujeres y tres millones seiscientos mil niños, para un total de cuatro millones ochocientos mil israelitas. Podemos presumir que, cuando la biblia establece que había seis cientos mil hombres de a pie, el resto de la población iría en carruajes o montados sobre algún animal. Por ende, y para cuestión del argumento de este libro, basaremos nuestros cómputos en los seis cientos mil hombres de a pie. Con esto en mente podemos concluir que el cruce de todos estos hombres tomaría entre diecisiete a veinticuatro horas.

Notemos que la biblia establece que "*...hizo Jehová que la mar se retirase por recio viento oriental toda aquella noche; y tornó la mar en seco, y las aguas quedaron divididas.*"[31] Hay quienes no pueden o no quieren aceptar este evento. Sin embargo, en marzo 15 de 1992 fue publicado en el New York Times el siguiente artículo por John Noble Wilford:

Oceanógrafos Dicen:

Vientos Pudieron Haber Dividido Las Aguas

Aplicando el conocimiento experto del viento sobre las aguas, dos oceanógrafos han desarrollado lo que dicen ser una verosímil explicación científica sobre la división de las aguas que permitió a los israelitas el lograr su milagroso escape de Egipto según lo narra la historia bíblica de Éxodo.

Los oceanógrafos calcularon que fuertes vientos soplando a través del estrecho y poco profundo Golfo de Suez, la extensión al norte del Mar Rojo considerada como el lugar justo para cruzar, podría justificar el fenómeno. Vientos sostenidos de cuarenta nudos podrían empujar suficiente agua hacia el sur como para causar una baja de unos diez pies en el nivel del mar, exponiendo una gran andana de suelo submarino sobre el cual los israelitas pudieron haber cruzado a salvo.

Los científicos concluyeron que al disminuir los vientos, las divididas aguas pudieran derramarse de regreso a su lugar en solo cuatro minutos. El ejército egipcio, sin tiempo a escapar la inundación, podrían por tanto perecer ahogados, según descrito en la biblia...

La teoría fue propuesta por el Dr. Doron Nof, profesor de oceanografía en la Universidad del Estado de Florida en Tallahassee, y el Dr. Nathan Paldor, experto en ciencias atmosféricas en la Universidad Hebrea en Jerusalén catedrático invitado en la Escuela Graduada de Oceanografía de Universidad de Rhode Island en Narragansett. Discuten su investigación en un informe a ser publicado... en 'The Bulletin' de la Sociedad Meteorológica Americana"

El Cruce Del Río Jordán

(Josué 3:1-4:24)

El Cruce Del Río Jordán

(Jos. 3:1-4:24)

"Cuando los que llevaban el arca entraron en el Jordán, así como los pies de los sacerdotes que llevaban el arca fueron mojados á la orilla del agua, (porque el Jordán suele reverter sobre todos sus bordes todo el tiempo de la siega,) Las aguas que venían de arriba, se pararon como en un montón bien lejos de la ciudad de Adam, que está al lado de Sarethán; y las que descendían á la mar de los llanos, al mar Salado, se acabaron y fueron partidas; y el pueblo pasó en derecho de Jericó.

Mas los sacerdotes que llevaban el arca del pacto de Jehová, estuvieron en seco, firmes en medio del Jordán, hasta que todo el pueblo hubo acabado de pasar el Jordán; y todo Israel pasó en seco. Y CUANDO toda la gente hubo acabado de pasar el Jordán, Jehová habló á Josué, diciendo: Tomad del pueblo doce hombres, de cada tribu uno, Y mandadles, diciendo: Tomaos de aquí del medio del Jordán, del lugar donde están firmes los pies de los sacerdotes, doce piedras, las cuales pasaréis con vosotros, y las asentaréis en el alojamiento donde habéis de tener la noche.

Entonces Josué llamó á los doce hombres, los cuales había él ordenado de entre los hijos de Israel, de cada tribu uno; Y díjoles Josué: Pasad delante del arca de Jehová vuestro Dios al medio del Jordán; y cada uno de vosotros tome una piedra sobre su hombro, conforme al número de las tribus de los hijos de Israel; Para que esto sea señal entre vosotros; y cuando vuestros hijos preguntaren á sus padres mañana, diciendo: ¿Qué os significan estas piedras? Les responderéis: Que las aguas del Jordán fueron partidas delante del arca del pacto de Jehová; cuando ella pasó el Jordán, las aguas del Jordán se partieron: y estas piedras serán por memoria á los hijos de Israel para siempre. Y los hijos de Israel lo hicieron así como Josué les mandó: que levantaron doce piedras del medio del Jordán, como Jehová lo había dicho á Josué, conforme al número de las tribus de los hijos de Israel, y pasáronlas consigo al alojamiento, y las asentaron Josué también levantó doce piedras en medio del Jordán, en el lugar donde estuvieron los pies de los sacerdotes que llevaban el arca del pacto; y han estado allí hasta hoy.

Y los sacerdotes que llevaban el arca se pararon en medio del Jordán, hasta tanto que se acabó todo lo que Jehová había mandado á Josué que hablase al pueblo, conforme á todas las cosas que Moisés había á Josué mandado: y el pueblo se dió priesa y pasó. Y cuando todo el pueblo acabó de pasar, pasó también el arca de Jehová, y los sacerdotes, en presencia del pueblo. También los hijos de Rubén y los hijos de Gad, y la media tribu de Manasés, pasaron armados delante de los hijos de Israel, según Moisés les había dicho: Como cuarenta mil hombres armados á punto pasaron hacia la campiña de Jericó delante de Jehová á la guerra. En aquel día Jehová engrandeció á Josué en ojos de todo Israel: y temiéronle, como habían temido á Moisés, todos los días de su vida. Y Jehová habló á Josué, diciendo: Manda á los sacerdotes que llevan el arca del testimonio, que suban del Jordán. Y Josué mandó á los sacerdotes, diciendo: Subid del Jordán.

Y aconteció que como los sacerdotes que llevaban el arca del pacto de Jehová, subieron del medio del Jordán, y las plantas de los pies de los sacerdotes estuvieron en seco, las aguas del Jordán se volvieron á su lugar, á su lugar, corriendo como antes. Y el pueblo subió del Jordán el diez del mes primero, y asentaron el campo en Gilgal, al lado oriental de Jericó. Y Josué erigió en Gilgal las doce piedras que habían traído del Jordán. Y habló á los hijos de Israel, diciendo: Cuando mañana preguntaren vuestros hijos á sus padres, y dijeren: ¿Qué os significan estas piedras? Declararéis á vuestros hijos, diciendo: Israel pasó en seco por este Jordán. Porque Jehová vuestro Dios secó las aguas del Jordán delante de vosotros, hasta que habíais pasado, á la manera que Jehová vuestro Dios lo había hecho en el mar Bermejo, al cual secó delante de nosotros hasta que pasamos: Para que todos los pueblos de la tierra conozcan la mano de Jehová, que es fuerte; para que temáis á Jehová vuestro Dios todos los días."

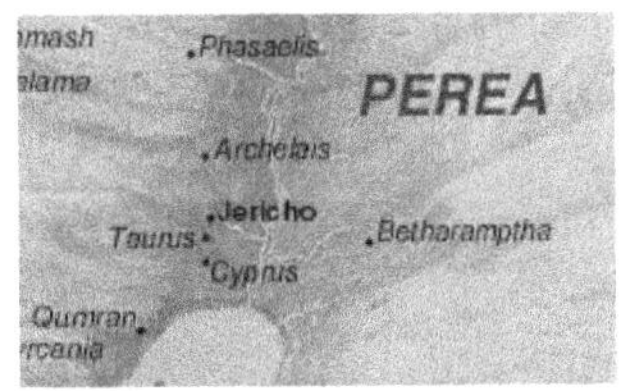

Este mapa ilustra la posible localización del cruce del Río Jordán. Las escrituras dicen que "y *el pueblo subió del Jordán el diez del mes primero, y asentaron el campo en Gilgal, al lado oriental de Jericó."* La diferencia entre el cruce del Mar Rojo y el cruce del Río Jordán es obvia, pues al detener las aguas en un punto río arriba, las aguas que corren río abajo literalmente se acaban, lo que implica que toda persona que se encuentre a una distancia desde donde se pudiera observar el río podría notar que el río se secó.

Descripción
Hidrografía de la Cuenca del Río Jordán

El Río Jordán se origina en la frontera de tres naciones, Israel, El Líbano, y Siria, en una región montañosa. Tres manantiales componen la cabecera norteña del Jordán:

1) el Río Hasbani, que surge del sur del Líbano y con un caudal anual promedio de 125 millones e metros cúbicos/año (mmc)/año,

2) el Río Dan, en Israel promediando 250 mmc/año, y

3) el Río Banais de los Altos de Golán, promediando tambien 125 mmc/año... Estos manantiales convergen seis kilómetros dentro de Israel y fluyen al sur hacia el Mar de Galilea, totalmente en Israel. Diez kilómetros más abajo del Mar de Galilea, se une al Río Jordán el Río Yarmuk (originado en Syria y Jordania), y le tributa un promedio de 400 mmc/año al flujo del Río Jordán. Durante el resto del flujo hacia el sur (unos 320 km) hacia el Mar Muerto, se unen al Jordán corrientes y triburarios intermitents, especialmente a lo largo de la Franja Occidental. El flujo final del Río Jordán, cuando alcanza el Mar Muerto a 400 metros bajo el nivel del mar, promedia 1,470 mmc/año...)

El Río Jordán es considerablemente más pequeño cuando se compara con el Nilo, con flujo de 74,000 mmc/año, o el Eufrates con 32000 mmc/año. El Jordán tiene un problema de salinidad a través de su flujo. Esto se debe a que muchos manantiales que le tributan fluyen por los restos de antiguos mares para alcanzar el

Jordán, el cual fluye por debajo del nivel del mar. El extremo sur del Mar de Galilea tiene una salinidad de 340 partes por millón (ppm), mientras que un río promedio tendría 120 ppm. The Río Yarmuk, con 100 ppm, diluye el río algo de su salinidad, pero según el Jordán continúa fluyendo al sur, recoge más salinidad. Al final, el Mar Muerto tiene una salinidad de 250,000 ppm, siete veces la del océano.[32]

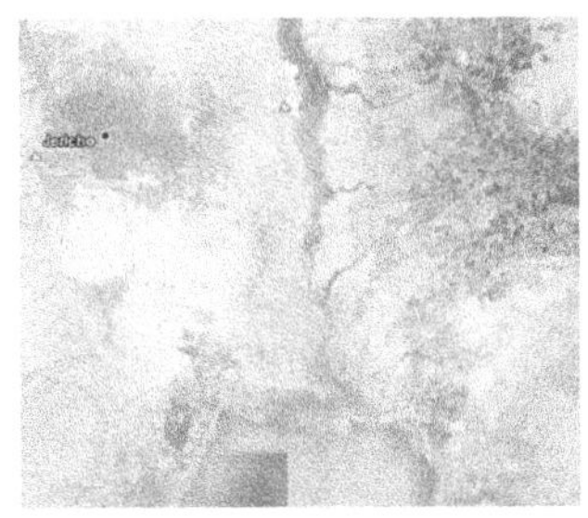

Este otro mapa, tomado a través de Google Earth, muestra la misma área que el anterior, pero en tiempos contemporáneos. Podemos observar parte del Mar Muerto, la localización de Jericó y el Río Jordán.

¿Cómo se secó el río? En cierta ocasión, mientras escuchaba una de las muchas radioemisoras cristianas de mi país, escuché un teólogo dar una explicación de lo que ocurrió para que los israelitas cruzaran el río en seco. Según este teólogo el área es propensa a movimientos sísmicos y, en el particular día en que Josué cruzaría el Jordán con los israelitas, ocurrió un terremoto al norte de su posición que con el derrumbe de rocas, literalmente creó un tipo de represa natural haciendo de esa forma que las aguas dejasen de correr río abajo.

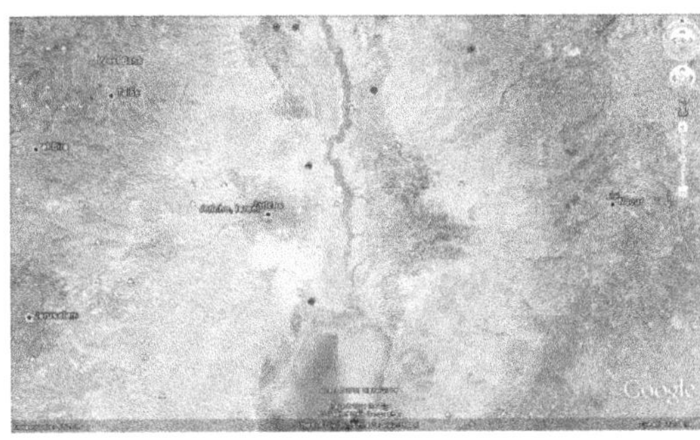

En este mapa podremos ver los movimientos telúricos registrados en la Región del Mar Muerto, como es conocida para esos fines. Los mismos están indicados por los puntos, y de la información que se ofrece, ninguno alcanzó una magnitud de cinco grados, o sea que ninguno ha tenido la suficiente fuerza como para crear "una represa natural"

Con todo, analicemos la posibilidad de "una represa" en este lugar. En la hidrografía del río, vemos que el caudal promedio es de unos 1,470 mmc/año, o sea, unos cuatro millones de metros cúbicos por día. Para acumular todo este caudal, se requeriría la formación de una represa en forma algo triangular con medidas aproximadamente de unos quince metros (cincuenta pies) de profundidad por unos quinientos catorce metros (mil seiscientos pies) de ancho por quinientos catorce metros (mil seiscientos pies) de largo. O una represa en forma triangular con unas medidas aproximadas de cincuenta pies de profundidad, por quinientos pies de ancho y unos cinco mil seiscientos ochenta y cinco pies (1.08 millas) de largo.

¿No sería más fácil creer que Dios tiene la autoridad sobre los ríos, la mar y los vientos? Leemos en Marcos 4:38-11: "*Y él estaba en la popa, durmiendo sobre un cabezal, y le despertaron, y le dicen: ¿Maestro, no tienes cuidado que perecemos? Y levantándose, increpó al viento, y dijo á la mar: Calla, enmudece. Y cesó el viento, y fue hecha grande bonanza. Y á ellos dijo: ¿Por qué estáis así amedrentados? ¿Cómo no tenéis fe? Y temieron con gran temor, y decían el uno al otro. ¿Quién es éste, que aun el viento y la mar le obedecen?*"

Josué Detiene El Sol

(Josué 10:2)

Josué Detiene El Sol

(Jos.. 10:2)

"Entonces Josué habló á Jehová el día que Jehová entregó al Amorrheo delante de los hijos de Israel, y dijo en presencia de los Israelitas: Sol, detente en Gabaón; Y tú, Luna, en el valle de Ajalón. Y el sol se detuvo y la luna se paró, Hasta tanto que la gente se hubo vengado de sus enemigos. ¿No está aquesto escrito en el libro de Jasher? Y el sol se paró en medio del cielo, y no se apresuró á ponerse casi un día entero. Y nunca fue tal día antes ni después de aquél, habiendo atendido Jehová á la voz de un hombre: porque Jehová peleaba por Israel."

De los doce milagros a considerarse en este escrito, hay tres que sí retan la ciencia; éste es uno de ellos. Para comenzar a comprender la envergadura de este milagro, tenemos que reconocer que hay dos datos de vital importancia y que son, o deben ser, de conocimiento general. Primero, que por muchos siglos se pensaba que el planeta Tierra era el centro del universo y que todos los cuerpos celestes giraban a su derredor. Segundo, que a partir de Nicolás Copérnico, un erudito y clérigo polaco que vivió desde 1473 hasta1543[33], sabemos que el sol es el centro de nuestro sistema solar, y que la Tierra gira a su derredor.

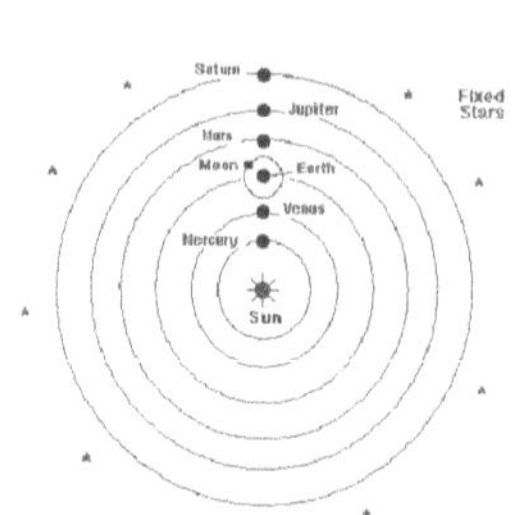

¿Por qué es esto importante? Leemos en Josué 10:2 que Josué "...*dijo en presencia de los Israelitas: Sol, detente en Gabaón; Y tú, Luna, en el valle de Ajalón. Y el sol se detuvo y la luna se paró...*" Nuevamente, sabemos que el sol es fijo, con relación a la Tierra (el sistema solar gira en derredor de la Vía Láctea, nuestra galaxia, la que a su vez se mueve a través del espacio, que a su vez (se teoriza) sigue en expansión) y la Luna, rota alrededor de su eje y gira en derredor a la Tierra, la que a su vez rota alrededor de su propio eje mientras gira alrededor del sol. O sea, que esta orden de "*Sol, detente en Gabaón; Y tú, Luna, en el valle de Ajalón.*" Implica que tanto la Luna como la Tierra tuvieron que detener sus respectivas rotaciones; sin decir la posibilidad de que el sistema solar en su totalidad, también se haya detenido.

Cualquier persona de las ciencias que se de a la tarea de probar que este milagro no pudo haber ocurrido, basado en las leyes de la física, estaría en lo cierto. Sin embargo, y esto nos lleva a la introducción donde se incluye la definición del Diccionario de la Real Academia de la Lengua Española:

> *m.* ***Hecho no explicable*** *por las leyes naturales y que se atribuye a intervención sobrenatural de origen divino.*

Demos un vistazo al *Período Sideral de Rotación vs. el Período Sinódico de Rotación*[34]

Según un planeta rota alrededor de su eje, las estrellas aparentan moverse alrededor de la proyección del eje del planeta hacia el espacio. El tiempo requerido para que las estrellas se muevan una vez a través de su trayectoria se llama período sideral de rotación, o el período de rotación del planeta.

Mientras el planeta rota, también gira alrededor del sol. Esto cambia la aparente localización del sol entre las estrellas, y como resultado, no se mueve alrededor del cielo en la misma forma que las estrellas. Dependiendo de si la rotación del planeta es directa (en la misma dirección de su movimiento orbital) o retrógrado (en dirección opuesta a su movimiento orbital), el tiempo que el sol se toma en viajar alrededor del cielo, llamado período sideral de rotación, o la duración del día, puede ser más largo o más corto que el período sinódico de rotación. La Tabla 1 muestra el período de rotación y el largo del día para la luna y los planetas. Como podrá ver, para la mayoría de los cuerpos, ambos tiempos son similares, pero para objetos que tienen períodos lentos de rotación, como la Luna, Mercurio y Venus, existe una gran diferencia entre ambos períodos.

Cuerpo	Período Sideral	Período Sinódico="Día"
Extraña rotación de Mercurio	58.6467 días	175.940 días
Venus	-243.02 días	-116.75 días
Tierra	23 hr 56 min 4.1 seg	24 hr 0 min 0 seg
Luna	27.322 días	29.53 días
Marte	24 hr 37 min 22.6 seg	24 hr 39 min 35.4 seg
Júpiter	9 hr 55 min 30 seg	9 hr 55 min 30 seg
Saturno	10 hr 32 min 35 seg	10 hr 32 min 35 seg
Urano	-17 hr 14 min 24 seg	-17 hr 14 min 24 seg
Neptuno	16 hr 6.6 min	16 hr 6.6 min
La prácticamente lateral rotación de Plutón	-6 días 9 hr 17.6 min	-6 días 9 hr 17.6 min

Tabla 1: Comparación entre Períodos Sideral y Sinódico

Datos de traslación del Planeta Tierra:

Diametro: 7,926 millas (12,755.82 Km)

Radio: 3,963 millas (6,377.91 Km)

Circunferencia "C"=2πr=2[pi]*(3,963)=24,900.32 millas (40,073.67 Km)

Velocidad "v"=C/T=24,900.32 Mi/23.84 hrs=1,044.558Mi/hr

=40,073.67 Km/23.84=1,581.86 Km/hr

Radio promedio de órbita = (152 + 147 millones de km)/2 = 149.5 millones de km

El Sol Retrocede Diez Grados

(Isaías 38:8)

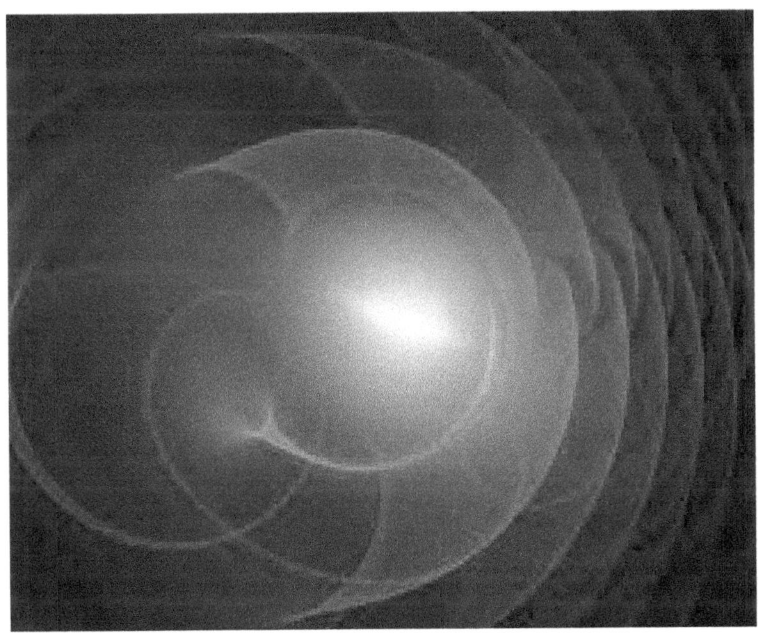

El Sol Retrocede Diez Grados

(Isa. 38:1-8)

"EN aquellos días cayó Ezechîas enfermo para morir. Y vino á él Isaías profeta, hijo de Amoz, y díjole: Jehová dice así: Ordena tu casa, porque tú morirás, y no vivirás. Entonces volvió Ezechîas su rostro á la pared, é hizo oración á Jehová. Y dijo: Oh Jehová, ruégote te acuerdes ahora que he andado delante de ti en verdad y con íntegro corazón, y que he hecho lo que ha sido agradable delante de tus ojos. Y lloró Ezechîas con gran lloro.

Entonces fué palabra de Jehová á Isaías, diciendo: Ve, y di á Ezechîas: Jehová Dios de David tu padre dice así: Tu oración he oído, y visto tus lágrimas: he aquí que yo añado á tus días quince años. Y te libraré, y á esta ciudad, de mano del rey de Asiria; y á esta ciudad ampararé. Y esto te será señal de parte de Jehová, que Jehová hará esto que ha dicho: He aquí que yo vuelvo atrás la sombra de los grados, que ha descendido en el reloj de Achâz por el sol, diez grados. Y el sol fué tornado diez grados atrás, por los cuales había ya descendido."

Este milagro es similar al de haber detenido el sol, sólo que con una "torcedura". En este caso, no solo "se detiene el sol, sino que *el sol fué tornado diez grados atrás.* Esto implica que la tierra no solo detuvo su rotación, sino que comenzó a rotar hacia atrás hasta moverse los diez grados y luego de detener su marcha nuevamente comenzó a rotar en dirección normal nuevamente. Esto hace de este milagro algo aún mayor al de la época de Josué. Imaginemos un abanico de techo.

El abanico gira en ambas direcciones. Para lograr esto (obviamente una dirección a la vez) el abanico tiene un interruptor que hacia arriba gira en una dirección (digamos con las manecillas del reloj) y hacia abajo gira en dirección contraria. Si encendemos el abanico, éste comienza a girar en una de las dos direcciones, generalmente contra las manecillas del reloj. Si mientras gira movemos el interruptor en dirección opuesta de donde está, digamos hacia abajo, vamos a notar que el abanico comienza a disminuir la velocidad y, aunque no lo notamos, detiene su marcha y comienza a girar en sentido contrario.

Imaginemos al Planeta Tierra haciendo lo mismo. El planeta gira a unos 26 Km./min. (17.41 mi/seg, 1,044.55 mph), de pronto, al comando de Josué, el planeta comienza a disminuir en velocidad (digamos que a la razón de .29 mi/seg) hasta llegar a detenerse por un instante. Esto tomaría unos sesenta minutos, o sea una hora. Entonces comienza a rotar en dirección contraria hasta que el sol retrocede diez grados, o sea unos 354.33 Km (22.02 Millas), que tomaría, con una aceleración de 1044.55 millas por hora, unos veinte minutos, hasta nuevamente detener su rotación y comenzar nuevamente su rotación normal. Justo como el ejemplo del abanico de techo. Es obvio que lo estoy simplificando al extremo.

Si intentamos comprender este milagro, aplicando solo "*doctas palabras de humana sabiduría*[35]", se nos haría imposible asimilarlo y aceptarlo. O sea, hay que ser realista, no existe forma de aceptar que un evento de esta magnitud toma lugar en la historia humana. Habría que analizar cómo se afecta la órbita del planeta, la fuerza de gravedad, y por ende el comportamiento de los cuerpos de agua y seres humanos, con la disminución y total paralización de la rotación terrestre. Este es uno de esos milagros que simplemente hay que mirar este milagro "*acomodando lo espiritual á lo espiritual*[36]".

Balaán y La Mula Que Habló

(Números 22:28)

Balaán Y La Mula Que Habló

(Num. 22:21-30)

"Así Balaán se levantó por la mañana, y cinchó su asna, y fué con los príncipes de Moab. Y el furor de Dios se encendió porque él iba; y el ángel de Jehová se puso en el camino por adversario suyo. Iba, pues, él montado sobre su asna, y con él dos mozos suyos. Y el asna vió al ángel de Jehová, que estaba en el camino con su espada desnuda en su mano; y apartóse el asna del camino, é iba por el campo. Entonces hirió Balaán al asna para hacerla volver al camino. Mas el ángel de Jehová se puso en una senda de viñas que tenía pared de una parte y pared de otra. Y viendo el asna al ángel de Jehová, pegóse á la pared, y apretó contra la pared el pie de Balaán: y él volvió á herirla. Y el ángel de Jehová pasó más allá, y púsose en una angostura, donde no había camino para apartarse ni á diestra ni á siniestra. Y viendo el asna al ángel de Jehová, echóse debajo de Balaán: y enojóse Balaán, é hirió al asna con el palo. Entonces Jehová abrió la boca al asna, la cual dijo á Balaán: ¿Qué te he hecho, que me has herido estas tres veces? Y Balaán respondió al asna: Porque te has burlado de mí: ¡ojalá tuviera espada en mi mano, que ahora te mataría! Y el asna dijo á Balaán: ¿No soy yo tu asna? sobre mí has cabalgado desde que tú me tienes hasta este día; ¿he acostumbrado á hacerlo así contigo? Y él respondió: No. Entonces Jehová abrió los ojos á Balaán, y vió al ángel de Jehová que estaba en el camino, y tenía su espada desnuda en su mano. Y Balaán hizo reverencia, é inclinóse sobre su rostro."

Muchas personas leen este pasaje y solo ven el milagro de la mula hablando, sin embargo hay otro milagro que personalmente considero mayor. Lo primero que tenemos que ver es que la mula no es el primer animal en hablar a un humano. En Génesis 3:1 leemos: "*EMPERO la serpiente era astuta, más que todos los animales del campo que Jehová Dios había hecho; la cual dijo á la mujer: ¿Conque Dios os ha dicho: No comáis de todo árbol del huerto?*" Como vemos, la serpiente "se le adelantó" a la mula.

Aunque los propósitos eran distintos. En el relato del génesis vemos a Lucifer engañando al ser humano, práctica que sigue hoy día. En el relato de Números lo que vemos es que Dios en su misericordia hizo que la mula le hablase a Balaán y luego "*abrió los ojos á Balaán, y vió al ángel de Jehová que estaba en el camino, y tenía su espada desnuda en su mano.*"

El ángel de Jehová venía "*por adversario suyo.*" Son muchas las ocasiones en que el ser humano necesita que Dios le abra los ojos. Como al mozo de Eliseo. En 2 Reyes 6:17 leemos: "*Y oró Eliseo, y dijo: Ruégote, oh Jehová, que abras sus ojos para que vea. Entonces Jehová abrió los ojos del mozo, y miró: y he aquí que el monte estaba lleno de gente de á caballo, y de carros de fuego alrededor de Eliseo.*"

Jesús Echa Fuera Legión

(Marcos 5:1-9)

Jesús Echa Fuera Legión

(Mar. 5:1-9)

"Y VINIERON de la otra parte de la mar á la provincia de los Gadarenos. Y salido él del barco, luego le salió al encuentro, de los sepulcros, un hombre con un espíritu inmundo, Que tenía domicilio en los sepulcros, y ni aun con cadenas le podía alguien atar; Porque muchas veces había sido atado con grillos y cadenas, mas las cadenas habían sido hechas pedazos por él, y los grillos desmenuzados; y nadie le podía domar. Y siempre, de día y de noche, andaba dando voces en los montes y en los sepulcros, é hiriéndose con las piedras. Y como vió á Jesús de lejos, corrió, y le adoró. Y clamando á gran voz, dijo: ¿Qué tienes conmigo, Jesús, Hijo del Dios Altísimo? Te conjuro por Dios que no me atormentes. Porque le decía: Sal de este hombre, espíritu inmundo. Y le preguntó: ¿Cómo te llamas? Y respondió diciendo: Legión me llamo; porque somos muchos."

"La posesión demoníaca es un proceso gradual que comienza cuando una persona (generalmente una persona espiritualmente sensible) se involucra con fuerzas extrañas y poco a poco va perdiendo el control sobre sus acciones, en este momento la posesión aún es parcial, pero tan pronto como el poseído quiera expulsar al demonio este se vuelve más agresivo y la posesión será total, convirtiendo a su víctima en una persona aislada y agresiva, además de que comienza el insomnio, las pesadillas cuando logra dormir y los dolores de cabeza intensos. Si llegado este momento, aún no se ha hecho nada por expulsar al demonio, es capaz de hacer que la persona se suicide o quede mentalmente dañado de por vida."[37]

"Muchas personas en tiempos antiguos creían en malos espíritus que pueden entrar al cuerpo de una persona y tomar control de él. Esto era una común explicación para condiciones como la epilepsia y demencia. En terminología moderna esta "demencia" probablemente se refería a ciertos desordenes

mentales como la esquizofrenia, y el delirio Aún hoy día no entendemos del todo qué causa estas condiciones. Las personas antiguas, que poseían aun menos conocimientos, frecuentemente culpaban a los malos espíritus. Estos malos espíritus también se les llamaban demonios, diablos y espíritus inmundos. Cualquiera que callera bajo su control se le llamaba un demoníaco... y loa condición se conocía como 'posesión demoníaca'.

En algunos casos la posesión demoníaca se asemeja al desorden mental de múltiples personalidades. En esta comparación, el demonio actúa como una personalidad maligna alterna que ha tomado control de la mente. Una diferencia es que la personalidad alterna usualmente no toma control permanente. Pero aún cuando no está en control, puede al acecho en el subconsciente de la persona, y puede aún influenciar el comportamiento. Algunas personas utilizan esta idea para intentar culpar sus malas acciones a un 'demonio interno'.

La cura tradicional de la posesión demoníaca es el expulsar el espíritu malo del cuerpo de la víctima. En tiempos antiguos se conocía como la expulsión del demonio... Muchas personas ahora lo llaman exorcismo, y utilizan el nombre de exorcista para cualquiera que pueda hacerlo exitosamente.[38]

Es preciso entender y establecer una diferencia entre la posesión demoníaca y las enfermedades mentales. Con todo, Dios tiene la palabra final; si el problema es una posesión demoníaca, Dios puede expulsar el demonio; si es una enfermedad mental, Isaías 53:4, 5 leemos: "*Ciertamente llevó él nuestras enfermedades, y sufrió nuestros dolores; y nosotros le tuvimos por azotado, por herido de Dios y abatido. Mas él herido fué por nuestras rebeliones, molido por nuestros pecados: el castigo de nuestra paz sobre él; y por su llaga fuimos nosotros curados.*"

Jesús Resucita A Lázaro

(Juan 11:1-14)

Jesús Resucita A Lázaro
(Juan 11:1-44)

"ESTABA entonces enfermo uno llamado Lázaro, de Bethania, la aldea de María y de Marta su hermana. (Y María, cuyo hermano Lázaro estaba enfermo, era la que ungió al Señor con ungüento, y limpió sus pies con sus cabellos) Enviaron, pues, sus hermanas á él, diciendo: Señor, he aquí, el que amas está enfermo. Y oyéndolo Jesús, dijo: Esta enfermedad no es para muerte, mas por gloria de Dios, para que el Hijo de Dios sea glorificado por ella.

Y amaba Jesús á Marta, y á su hermana, y á Lázaro. Como oyó pues que estaba enfermo, quedose aún dos días en aquel lugar donde estaba. Luego, después de esto, dijo á los discípulos: Vamos á Judea otra vez. Dícenle los discípulos: Rabí, ahora procuraban los Judíos apedrearte, ¿y otra vez vas allá? Respondió Jesús: ¿No tiene el día doce horas? El que anduviere de día, no tropieza, porque ve la luz de este mundo. Más el que anduviere de noche, tropieza, porque no hay luz en él. Dicho esto, díceles después: Lázaro nuestro amigo duerme; mas voy á despertarle del sueño. Dijeron entonces sus discípulos: Señor, si duerme, salvo estará. Mas esto decía Jesús de la muerte de él: y ellos pensaron que hablaba del reposar del sueño.

Entonces, pues, Jesús les dijo claramente: Lázaro es muerto; Y huélgome por vosotros, que yo no haya estado allí, para que creáis: mas vamos á él. Dijo entonces Tomás, el que se dice el Dídimo, á sus condiscípulos: Vamos también nosotros, para que muramos con él. Vino pues Jesús, y halló que había ya cuatro días que estaba en el sepulcro. Y Bethania estaba cerca de Jerusalén, como quince estadios; Y muchos de los Judíos habían venido á Marta y á María, á consolarlas de su hermano. Entonces Marta, como oyó que Jesús venía, salió á encontrarle; mas María se estuvo en casa. Y Marta dijo á Jesús: Señor, si hubieses estado aquí, mi hermano no fuera muerto; Mas también sé ahora, que todo lo que pidieres de Dios, te dará Dios. Dícele Jesús: Resucitará tu hermano. Marta le dice: Yo sé que resucitará en la resurrección en el día postrero. Dícele Jesús: Yo soy la resurrección y la vida: el que cree en mí, aunque esté muerto, vivirá. Y todo aquel que vive y cree en mí, no morirá eternamente. ¿Crees esto? Dícele: Sí Señor; yo he creído que tú eres el Cristo, el Hijo de Dios, que has venido al mundo. Y esto dicho, fuése, y llamó en secreto á María su hermana, diciendo: El Maestro está aquí y te llama. Ella, como lo oyó, levántase prestamente y viene á él. (Que aun no había llegado Jesús á la aldea, mas estaba en aquel lugar donde Marta le había encontrado.)

Entonces los judíos que estaban en casa con ella, y la consolaban, como vieron que María se había levantado prestamente, y había salido, siguiéronla, diciendo: Va al sepulcro á llorar allí. Mas María, como vino donde estaba Jesús, viéndole, derribóse á sus pies, diciéndole: Señor, si hubieras estado aquí, no fuera muerto mi hermano. Jesús entonces, como la vió llorando, y á los judíos que habían venido juntamente con ella llorando, se conmovió en espíritu, y turbóse, Y dijo: ¿Dónde le pusisteis? Dicenle: Señor, ven, y ve. Y lloró Jesús. Dijeron entonces los judíos: Mirad cómo le amaba. Y algunos de ellos dijeron: ¿No podía éste que abrió los ojos al ciego, hacer que éste no muriera?

Y Jesús, conmoviéndose otra vez en sí mismo, vino al sepulcro. Era una cueva, la cual tenía una piedra encima. Dice Jesús: Quitad la piedra. Marta, la hermana del que se había muerto, le dice: Señor, hiede ya, que es de cuatro días. Jesús le dice: ¿No te he dicho que, si creyeres, verás la gloria de Dios? Entonces quitaron la piedra de donde el muerto había sido puesto. Y Jesús, alzando los ojos arriba, dijo: Padre, gracias te doy que me has oído. Que yo sabía que siempre me oyes; mas por causa de la compañía que está alrededor, lo dije, para que crean que tú me has enviado. Y habiendo dicho estas cosas, clamó á gran voz: Lázaro, ven fuera. Y el que había estado muerto, salió, atadas las manos y los pies con vendas; y su rostro estaba envuelto en un sudario. Díceles Jesús: Desatadle, y dejadle ir."

Aquí encontramos otro de los más controversiales milagros. Nos narra la escritura que Jesús llega ante la tumba y queda claramente establecido que "*hiede ya, que es de cuatro días*". O sea, no es una persona que acaba de fallecer y que difícilmente se encontraba en estado cataléptico, o sea sufriendo de un episodio de catalepsia. Veamos el significado de:

> **Catalepsia** *s. f. Trastorno nervioso repentino que se caracteriza por la inmovilidad y rigidez del cuerpo y la pérdida de la sensibilidad y de la capacidad de contraer los músculos voluntariamente.*
> *f. MED. Suspensión repentina de la sensibilidad y de los movimientos voluntarios acompañada de una rigidez muscular, que hace que los miembros se inmovilicen en cualquier postura en que se los coloque.*[39]

A continuación veremos lo que ocurre a un cuerpo luego de morir. Esta información, aunque algo técnica y hasta cierto punto gráfica, se incluye para que entendamos lo que significaba cuando le dijeron a Jesús "*hiede ya, que es de cuatro días*".

"*Los cambios sufridos por un cuerpo luego de la muerte se conoce como descomposición. La descomposición es el continuo proceso de decadencia y desorganización del tejido orgánico y estructuras luego de la muerte. Algunos tejidos, como huesos, dientes y cabello, son más resistentes a la acción de los microorganismos y otros factores ambientales, y pueden durar por siglos. Huesos fosilizados de animales y homínidos extinguidos hace millones de años, son estudiados por paleontólogos y antropólogos hoy, gracias a tal resiliencia.*

La medicina forense y la antropología forense investigan la secuencia y tipos de cambios que afectan a los cuerpos en descomposición bajo diferentes condiciones y ambientes. Un número de variables pueden afectar tanto la tasa y secuencia de la descomposición. Por tanto, el estimado del tiempo transcurrido desde el momento de la muerte, conocido en forense como el intervalo postmortem, toma en consideración las condiciones particulares asociadas con el cuerpo en descomposición, tales como la temperatura, nivel de humidad y medio, tal como exposición a preservativos, agua o el suelo.

Por siglos, el cerdo ha sido el animal modelo utilizado para estudiar la anatomía y el proceso de descomposición debido a su similitudes estructurales al cuerpo humano. Sin embargo en 1980, La Universidad de Tennessee en Knoxville comenzó un proyecto de investigación sobre la descomposición con cadáveres donados por las familias de los fallecidos o por individuos que donaban, por medio de testamentos, sus cuerpos a la ciencia. En un área conocida como Facilidades de Investigación Antropológica, cuerpos humanos eran colocados para descomponerse en una serie de distintas condiciones controladas.

Una descripción general de los cambios postmortem debido a la descomposición incluyen básicamente dos etapas de autolisis, y cuatro etapas de putrefacción, aparte de algunos fenómenos conservadores como saponificación o adipocira, momificación natural, calcificación, etc. Sin embargo, éstos últimos solo ocurren bajo condiciones específicas. Autolisis consiste de la rápida e intensa autodestrucción espontánea de los tejidos por enzimas presentes en las células, sin interferencia alguna de bacterias. Una vez las células dejan de recibir nutrientes y oxígeno vía la circulación sanguínea, comienzan la 'respiración' anaeróbica (sin oxígeno), convirtiendo el trifostato de adenosina (ADP por sus siglas en inglés) en bifostato de adenosina (ADP por sus siglas en inglés) para obtener energía. La respiración anaeróbica dura unas horas, hasta que las reservas de ATP son agotadas. La respiración anaeróbica induce la acumulación de ácido láctico en el tejido de las células que interrumpe el funcionamiento celular. Las enzimas entonces colapsan el núcleo celular y ocurre el rompimiento celular (necrosis).

Los tejidos ricos en vasos sanguíneos (más dependientes de oxígeno y energía) son los primeros en sufrir autolisis, mientras que los pobremente irrigados, o deprivados de vasos sanguíneos, como la córnea ocular, no son inmediatamente afectados por la descomposición. La putrefacción (rompimiento por microorganismos) sigue la autolisis. Con la excepción de los fetos y niños recién nacidos, la principal fuente de estos microorganismos en los cadáveres es el lado derecho del intestino grueso. Los microorganismos entonces invaden la cavidad abdominal y el pecho, cabeza y extremidades. Las primeras señales visibles de tal actividad son las manchas verdosas en el vientre, acompañadas del hedor inicial de la carne podrida. Gradualmente las manchas se expanden a otras partes del cuerpo (tórax, cabeza y extremidades) y cambian de verde claro a verde oscuro, entonces comienzan a ennegrecer. ... Esta etapa de descomposición se conoce como el período cromático.

La acción bacteriana destruye la estructura de las células y tejido blando, liberando en el proceso fluidos corporales en cavidades internas como el pecho, abdomen y tracto oral. Microorganismos anaeróbicos producen metano, sulfuro de hidrógeno, y otros gases responsables por el aumento del hedor que rodea la materia orgánica putrefacta. Según se acumulan los gases dentro del cuerpo, comienza a hincharse, forzando más fluidos de los órganos a las cavidades internas y sangre a la periferia del cuerpo. Esta etapa se conoce como el período gaseoso.

Aparecen ampollas subcutáneas (bajo la piel) conteniendo una mezcla de plasma, hemoglobina y gases y un patrón parecido al mármol se dispersa por la piel. La capa externa de la piel (epidermis) comienza a despegarse de las capas internas de la piel (dermis) según avanza el período gaseoso. La fase subsecuente involucra el proceso de putrefacción líquida, en el cual los tejidos suaves son gradualmente disueltos. El cuerpo pierde su forma según disminuye la masa del tejido y se completa la separación de las capas de piel...Durante este período de licuefacción, se liberan gases y una putrefacta sustancia cremosa cubre el esqueleto..."[40]

Hemos dado un vistazo al proceso de descomposición, ahora, ¿cuánto tiempo se toma este proceso? De principio a fin, años, ahora, hemos leído que cuando Jesús dijo "*Quitad la piedra. Marta, la hermana del que se había muerto, le dice: Señor, hiede ya, que es de cuatro días...*" ¡Cuatro días! ¿Qué proceso de descomposición habría comenzado, si alguno?

"*Todo el rompimiento y digestión del cuerpo causan que se liberen gases; estos gases son los que dan al cuerpo el tan terrible hedor. Los gases inflan el resto de los tejidos intactos, causando que liberen cualquier líquido almacenado en ellos. Una cavidad licuosa es en lo que se convierte nuestro abdomen. Este hediondo líquido atrae más moscas, escarabajos y otros insectos. La piel toma una apariencia parecida al requesón (cottage cheese). Esto ocurre entre* ***cuatro y diez días*** *después de morir.*"[41]

Es obvio que el clima contribuye a la descomposición del cuerpo. Si el clima es extremadamente cálido, la descomposición toma menos tiempo. Según de menos cálicdo sea el clima, mas tiempo se tomará. Demos un vistazo al clima de Israel.

"Las Dos Temporadas

En el ciclo anual, las cuatro estaciones no están tan claramente marcadas como en las tierras al norte. Pero para el judío cada estación era un tiempo especial y un recordatorio de las promesas de Dios, como le dijo a Noé 'la sementera y la siega, y el frío y calor, verano é invierno' (Génesis 8: 22).

Aunque la biblia menciona específicamente verano, invierno, primavera y otoño, puede llegar como sorpresa el saber que la biblia nunca menciona las cuatro estaciones, sin solo dos.

La palabra Hebrea 'stav', traducida hoy como otoño, se menciona tan solo una vez en la biblia en El Cantar de los Cantares de Salomón: 'Porque he aquí ha pasado el invierno, Hase mudado, la lluvia se fué...' (Cantares 2:11), "stav" realmente habla del momento de las lluvias de invierno

La palabra Hebrea 'aviv', traducida hoy como primavera se menciona dos veces en la biblia, ambas haciendo referencia a un estado de maduración de la cebada en lugar de una estación. El mes de Aviv (hodesh ha'aviv) es el tiempo en que la maduración de la cebada ocurre, esto es claro en el mes Hebreo de Nissan. No hay mención de una estación llamada primavera en ningún lugar de la biblia. Por tanto debemos concluir que la biblia reconoce solo dos estaciones, verano e invierno, o como los autores del Talmud lo expresa, 'los días de sol' y 'los días de lluvia'.

Las Cuatro Estaciones

Bajo la influencia de la civilización Greco-Romana, los judíos dividían el año en cuatro estaciones utilizando los nombres originales en Hebreo de los meses en que comenzaba cada estación

Tishri (octubre)
Tevet (enero)
Nissan (abril)
Tammuz (Julio)

El Clima

Por la mayor parte, el clima de Palestina es por demás soleado y buen clima. Aunque la tierra constituía un área geográfica muy pequeña, existen considerables diferencias en temperatura. Por ejemplo, Monte Hermón, con sus blancos topes de nieve todo el año, asciende nueve mil pies sobre el nivel del mar, mientras que el Mar Muerto está a mil doscientos noventa y dos pies debajo del nivel del mar. La tierra de Israel disfruta de soleados, azules cielos desde comienzos de mayo hasta finales de septiembre, con poca o ninguna interrupción, y esto le hizo posible al gran número de peregrinos viajando a Jerusalén para las varias Fiestas, el poder quedarse varios días con Cristo en el desierto. A todo lo largo de la costa mediterránea las tierras poseen un clima casi tropical. Los inviernos son mojados y los veranos son cálidos y secos. Debido a esta bendición de contraste estacional en Israel, la nieve caerá en las montañas y frutas tropicales madurarán en las planicies.

Los romanos contaban las horas desde la media noche, un hecho que explica la aparente discrepancia entre Juan 19:14, donde, a la sexta ora (del cálculo romano), Pilato trae Jesús a los judíos, mientras que a la tercera hora de los judíos, y por ende la novena de los cálculos romanos y nuestros (Marcos 15:25), era llevado a ser crucificado. La noche era dividida en cuartos por los romanos, y en tres vigilias por los judíos. Los judíos a su vez subdividían la hora en mil ochenta partes (chlakim), y otra vez cada parte en setenta y seis momentos."[42]

Podemos, en forma inequívoca, que cuando Jesús resucitó a Lázaro, resucitó un cadáver que ya estaba comenzando el proceso de descomposición. Definitivamente un milagro que desafía la ciencia.

Jesús Alimenta A Cinco Mil

(Juan 6:1-14)

Jesús Alimenta A Cinco Mil

(Juan 6:1-14)

"PASADAS estas cosas, fuése Jesús de la otra parte de la mar de Galilea, que es de Tiberias. Y seguíale grande multitud, porque veían sus señales que hacía en los enfermos. Y subió Jesús á un monte, y se sentó allí con sus discípulos. Y estaba cerca la Pascua, la fiesta de los judíos. Y como alzó Jesús los ojos, y vió que había venido á él grande multitud, dice á Felipe: ¿De dónde compraremos pan para que coman éstos? Más esto decía para probarle; porque él sabía lo que había de hacer. Respondióle Felipe: Doscientos denarios de pan no les bastarán, para que cada uno de ellos tome un poco. Dícele uno de sus discípulos, Andrés, hermano de Simón Pedro: Un muchacho está aquí que tiene cinco panes de cebada y dos pececillos; ¿más qué es esto entre tantos? Entonces Jesús dijo: Haced recostar la gente. Y había mucha hierba en aquel lugar: y recostáronse como número de cinco mil varones. Y tomó Jesús aquellos panes, y habiendo dado gracias, repartió á los discípulos, y los discípulos á los que estaban recostados: asimismo de los peces, cuanto querían. Y como fueron saciados, dijo á sus discípulos: Recoged los pedazos que han quedado, porque no se pierda nada. Cogieron pues, é hinchieron doce cestas de pedazos de los cinco panes de cebada, que sobraron á los que habían comido. Aquellos hombres entonces, como vieron la señal que Jesús había hecho, decían: Este verdaderamente es el profeta que había de venir al mundo."

Si partimos de la premisa de que los cinco mil hombres (ver. 10) eran casados, con dos hijos y toda la familia se encontraba allí. Esto daría un total de veinte mil personas, y si cada persona ingiere una onza de pescado y un panecillo, harían falta mil doscientas cincuenta libras de pescado y veinte mil panecillos, a un costo (hoy día) aproximado de $26,250.00. Las escrituras claramente dicen que solo había

"*Un muchacho... que tiene cinco panes de cebada y dos pececillos*" añadiendo, "*¿mas qué es esto entre tantos?*"Vemos que Jesús da instrucciones de que se recostara la gente, lo que hicieron "*como número de cinco mil varones*". Aquí es necesario ver dos acontecimientos de envergadura. No sólo alimentó Jesús la multitud, sino que les dio "*cuanto querían*", hasta llegar a ser "*saciados*". Jesús con "*cinco panes de cebada y dos pececillos*" no solo sació una necesidad por medio de "una merienda", sino que comieron hasta la saciedad, y sobraron "*doce cestas de pedazos de los cinco panes de cebada*".

¿Cómo es posible que unas veinte mil personas hayan comido hasta la saciedad, de tan solo "*cinco panes de cebada y dos pececillos*" sobrando doce cestas de pedazos de pan de cebada? Para todo asiduo lector de las escrituras, este milagro es sólo un milagro más en el que Dios suple la necesidad corporal del alimento a su pueblo. La primera vez lo vemos en el desierto mientras el pueblo va de Gosén a Canaán.

En Éxodo 15:22-25 leemos: "*Moisés hizo partir a Israel del mar Rojo, y salieron hacia el desierto de Shur; anduvieron tres días en el desierto y no encontraron agua. Cuando llegaron a Mara no pudieron beber las aguas de Mara porque eran amargas; por tanto al lugar le pusieron el nombre de Mara. Y murmuró el pueblo contra Moisés, diciendo: ¿Qué beberemos? Entonces él clamó al SEÑOR, y el SEÑOR le mostró un árbol; y él lo echó en las aguas, y las aguas se volvieron dulces.*"El pueblo sediento pide agua, Dios suple, convirtiendo aguas amargas en aguas dulces. Luego, en 16:3-5 leemos: "*Y los hijos de Israel les decían: Ojalá hubiéramos muerto a manos del SEÑOR en la tierra de Egipto cuando nos sentábamos junto a las ollas de carne, cuando comíamos pan hasta saciarnos; pues nos habéis traído a este desierto para matar de hambre a toda esta multitud. Entonces el SEÑOR dijo a Moisés: He aquí, haré llover pan del cielo para vosotros; y el pueblo saldrá y recogerá diariamente la porción de cada día, para ponerlos a prueba si andan o no en mi ley. Y sucederá que en el sexto día, cuando preparen lo que traigan, la porción será el doble de lo que recogen diariamente...*"

El pueblo reclama comida. Dios suple Maná, y hay quienes quieren socavar esta verdad insinuando que era producto de unos insectos. *"El 'maná' es conocido como el alimento del pueblo de Israel en el desierto. En el texto también se lo llama "pan del cielo" (v. 4) o "pan que da Yavé como alimento" (v. 15). Según la Biblia (ver Ex 16:14,31 y Núm. 11:7-9) tenía la apariencia de escarcha que caía como el rocío una sustancia blanca y fina semejante a las semillas de cilandro y con sabor a torta hecha con miel. Frecuentemente se ha relacionado el maná bíblico con la secreción producida por unos pequeños insectos que viven en árboles tamariscos en la región central del Sinaí. Esta secreción se endurece rápidamente y cae al suelo de donde es recogida por las tribus nómades de la región que la utilizan como substitutivo del azúcar o la miel.*

En árabe esta sustancia se conoce con el nombre de mann y no depende del hebreo. En hebreo se desconoce el significado de la palabra "maná" y por tanto, luego surgió una etimología popular que relaciona aquella palabra con una expresión del versículo 15 que da cuenta de la reacción de los israelitas cuando vieron por primera vez la sustancia en cuestión ellos se preguntaban: ¿Qué es esto? o ¿Esto es maná? (en hebreo: man hu)...

...Shalom, gracias por escribirme.

Es un absurdo intento de quitar a Dios de la Historia, y así trivializar la vida de las personas.

Éste es uno de los métodos para esclavizar a las personas a doctrinas falsas, apresarlos en ideologías que pervierten el buen camino y tratan a la persona como un objeto y no como lo que es, una real persona.

Es bien cierto que puedan existir alimentos a los cuales se parezca el maná descrito en el Tanaj, sin embargo, debemos tomar en consideración tan sólo cinco aspectos del maná para darnos cuenta de su peculiaridad:

1. El man o maná como se lo conoce en español, que era el alimento dedicado por Dios para manutención de los israelitas en el desierto, caía todos los días antes del amanecer, excepto en Shabbat (Shemot / Éxodo 16:25, 26). ¿Acaso los insectos descansan en Shabbat?

2. Cada israelita tenía derecho a una porción diaria de maná, aquel que recogía más, el excedente se pudría de inmediato (Shemot / Éxodo 16:20).

Excepto los viernes, que se recogía doble porción, una para ese día, la otra para el Shabbat, ya que no se debía recoger ni había maná en el campo. El viernes la porción duplicada permanecía indemne (Shemot / Éxodo 16:22 y siguientes). ¿Acaso los... [insectos] ...del desierto ponen en los envases de sus secreciones fecha de vencimiento, y lo que producen el viernes tiene una vigencia mayor que la del resto de los días?

3. Ese supuesto mann que es una secreción de cierto insecto del desierto, ¿puede alimentar a diario, durante cuarenta años, a una población de alrededor de tres millones de personas?

Debería haber muchos millones de... [insectos] ...dedicados full-time a producir mann, ¿no le parece? Tal como hizo el maná, dado por Dios a los hebreos en el desierto.

4. El supuesto maná producto de cierto insecto, ¿puede constituirse en el único alimento para una persona durante cuarenta años de fatigosa estadía en el desierto?

La nutrición de los hebreos estaba basada exclusivamente en maná, debía pues ser algo más que un edulcorante o un alimento accesorio, ¿no?

5. Preste atención por favor a los siguientes testimonios:

*'**El Eterno... te sustentó con Man [Maná], comida que tú no conocías, ni tus padres habían conocido jamás...**" (Devarim / Deuteronomio 8:3).*

*"**Y el Man [Maná] cesó al día siguiente, cuando comenzaron a comer del fruto de la tierra. Los Hijos de Israel nunca más tuvieron Man [Maná]...**" (Ieoshúa / Josué 5:12).*

¿Acaso eran tan tontos los israelitas que no podían decir "pero los beduinos comen lo mismo en el desierto", al oír estos testimonios brindados por Moshé, y tiempo más tarde por Iehoshúa/Josué?

¿Acaso los hebreos no conocían el desierto que creían que el maná era un milagro en lugar de un alimento natural?

Aquellos hebreos no dejaban oportunidad para protestar contra la autoridad de los líderes, entonces, ¿por qué no protestaron respecto al maná si sentían que se los estaba engañando por parte del liderazgo que le atribuía un carácter divino a este alimento, si en verdad era exudación insectil?

Y si se quiere negar la validez de lo testimoniado por la Torá, y argumentar que el maná caía todos los días, que también se pudría de viernes para sábado, que no hubo casi tres millones de personas, que no estuvieron cuarenta años en el desierto y etcéteras revisionistas más, la pregunta que yo planteo es: ¿entonces para que se molestan los seudo-científicos criticones en encontrar lo qué es el maná, y no lo dejan como otra invención más del febril autor de la Torá?

Evidentemente, si buscan razones para el maná, es que muy dentro de sus corazones reconocen la validez del testimonio de la Torá, pero les repele asumirse como siervos del Eterno y por eso prefieren el camino de la tonta rebeldía.

En conclusión, lo que ya he dicho: podría haber sido, pero no lo es.

El maná fue el alimento especial dado por el Eterno a los israelitas.

(En todo caso, quizás Él se procuró los insectos necesarios para que especialmente produjeran el maná para los israelitas, siendo así los tales insectos medios para manifestar el milagro de Dios)."[43]

Por tercera vez leemos en 1 Reyes 17:8-16, donde leemos: "*Vino después a él la palabra del SEÑOR, diciendo: Levántate, ve a Sarepta, que pertenece a Sidón, y quédate allí; he aquí, yo he mandado a una viuda de allí que te sustente. El se levantó y fue a Sarepta. Cuando llegó a la entrada de la ciudad, he aquí, allí estaba una viuda recogiendo leña, y la llamó y le dijo: Te ruego que me consigas un poco de agua en un vaso para que yo beba. Cuando ella iba a conseguirla, la llamó y le dijo: Te ruego que me traigas también un bocado de pan en tu mano. Pero ella respondió: Vive el SEÑOR tu Dios, que no tengo pan, sólo tengo un puñado de harina en la tinaja y un poco de aceite en la vasija y estoy recogiendo unos trozos de leña para entrar y prepararlo para mí y para mi hijo, para que comamos y muramos. Entonces Elías le dijo: No temas; ve, haz como has dicho, pero primero hazme una pequeña torta de eso y tráemela; después harás para ti y para tu hijo. Porque así dice el SEÑOR, Dios de Israel: ``No se acabará la harina en la tinaja ni se agotará el aceite en la vasija, hasta el día en que el SEÑOR mande lluvia sobre la faz de la tierra.*

Entonces ella fue e hizo conforme a la palabra de Elías, y ella, él y la casa de ella comieron por muchos días. La harina de la tinaja no se acabó ni se agotó el aceite de la vasija, conforme a la palabra que el SEÑOR había hablado por medio de Elías."

Nuevamente vemos un milagro similar en 1 Reyes 19:1-8, donde leemos: "*Y Acab le contó a Jezabel todo lo que Elías había hecho y cómo había matado a espada a todos los profetas. Entonces Jezabel envió un mensajero a Elías, diciendo: Así me hagan los dioses y aun me añadan, si mañana a estas horas yo no he puesto tu vida como la vida de uno de ellos. El tuvo miedo, y se levantó y se fue para salvar su vida; y vino a Beerseba de Judá y dejó allí a su criado.*

El anduvo por el desierto un día de camino, y vino y se sentó bajo un enebro; pidió morirse y dijo: Basta ya, SEÑOR, toma mi vida porque yo no soy mejor que mis padres. Y acostándose bajo el enebro, se durmió; y he aquí, un ángel lo tocó y le dijo: Levántate, come. Entonces miró, y he aquí que a su cabecera había una torta cocida sobre piedras calientes y una vasija de agua. Comió y bebió, y volvió a acostarse. Y el ángel del SEÑOR volvió por segunda vez, lo tocó y le dijo: Levántate, come, porque es muy largo el camino para ti. Se levantó, pues, y comió y bebió, y con la fuerza de aquella comida caminó cuarenta días y cuarenta noches hasta Horeb, el monte de Dios."

Jesús Camina Sobre Las Aguas

(Mateo 14:22-33)

Jesús Camina Sobre Las Aguas

(Mat. 14:22-33)

"Enseguida hizo que los discípulos subieran a la barca y fueran delante de Él a la otra orilla, mientras El despedía a la multitud. Después de despedir a la multitud, subió al monte a solas para orar; y al anochecer, estaba allí solo. Pero la barca estaba ya a muchos estadios de tierra, y era azotada por las olas, porque el viento era contrario. Y a la cuarta vigilia de la noche, Jesús vino a ellos andando sobre el mar. Y los discípulos, viéndole andar sobre el mar, se turbaron, y decían: ¡Es un fantasma! Y de miedo, se pusieron a gritar. Pero enseguida Jesús les habló, diciendo: Tened ánimo, soy yo; no temáis. Respondiéndole Pedro, dijo: Señor, si eres tú, mándame que vaya a ti sobre las aguas. Y El dijo: Ven. Y descendiendo Pedro de la barca, caminó sobre las aguas, y fue hacia Jesús. Pero viendo la fuerza del viento tuvo miedo, y empezando a hundirse gritó, diciendo: ¡Señor, sálvame! Y al instante Jesús, extendiendo la mano, lo sostuvo y le dijo: Hombre de poca fe, ¿por qué dudaste? Cuando ellos subieron a la barca, el viento se calmó. Entonces los que estaban en la barca le adoraron, diciendo: En verdad eres Hijo de Dios."

Hace unos años, un ilusionista de nombre Criss Angel incluyó como parte de su acto el caminar sobre el agua en una piscina de un hotel en las vegas (también lo hizo sobre el Lago Mead) "***79/80 – Caminata Sobre Lago 1/2/09***

Criss se hizo famoso por caminar sobre el agua en una piscina. En el estilo de Mindfreak, Criss subirá la barra e intentará caminar sobre las aguas del más grande lago artificial, Lago Mead. Con la incapacidad de cerrar un parque federal, es un verdadero ejemplo de 'lo que ves es lo que recibes' Criss caminará 'sobre' y 'fuera' de más de 200 pies del más grande lago artificial en el mundo frente a transeúntes y navegantes insospechados."[44]

Muchas de las personas que hayan visto este episodio del programa televisado de Criss Angel, "Mindfreak", habrán puesto en tela de juicio el milagro de Jesús de caminar por sobre las aguas. Pero yo quiero llamar la atención del lector a un peculiar evento en este milagro. Este peculiar evento es que, no solo Jesús caminó sobre las aguas del mar, sino que Pedro también lo hizo.

Leemos en el pasaje que "*respondiéndole Pedro, dijo: Señor, si eres tú, mándame que vaya a ti sobre las aguas. Y El dijo: Ven. Y descendiendo Pedro de la barca, caminó sobre las aguas, y fue hacia Jesús.*" ¿Qué distancia cubrió Pedro sobre las aguas? Podemos estar seguros que, a razón de aproximadamente veinticuatro pulgadas (lo normal es alrededor de treinta pulgadas) por paso, Pedro debió haber cubierto unos seis pies por lo menos. Pues para poder tener miedo, debió haber tomado uno o dos pasos. Además, el pasaje narra que "*...al instante Jesús, extendiendo la mano, lo sostuvo y le dijo: Hombre de poca fe, ¿por qué dudaste?*" Y continúa añadiendo que "*...Cuando ellos subieron a la barca, el viento se calmó.*"

¿No le da curiosidad sobre cómo subieron a la barca? ¿Sería a caso que esperaron en el lugar en que se encontraban, hasta que la barca llegase a ellos? ¿Caminaría Pedro del lado de Jesús hasta llegar a la barca? Personalmente pienso que lo ocurrido fue eso, caminaron juntos hasta la barca. Es obvio que no se puede comparar el hecho histórico y milagroso de Jesús caminando sobre las aguas con el truco ilusionista de Criss Angel. Con todo, un mago de nombre Val Valentino[45] se da a la tarea de demostrar el cómo se logró el truco de Criss Angel en la piscina, que podríamos presumir que también fue utilizado en el Lago Mead.

Hay otro detalle que quiero que noten. El pasaje narra que Pedro "*viendo la fuerza del viento tuvo miedo*". O sea, que al venir Jesús caminando sobre las aguas del mar soplaba un fuerte viento. No tormentoso, pero sí un viento lo suficientemente fuerte como para hacer que un hombre que ha dedicado su vida a la pesca y, por ende, experimentado con las aguas de los mares y lagos sintiese miedo.

Jesús Sana Mujer Con Flujo De Sangre

(Marcos 5:25-34)

Jesús Sana Mujer Con Flujo De Sangre

(Mar. 5:25-34)

"Y una mujer que estaba con flujo de sangre doce años hacía, Y había sufrido mucho de muchos médicos, y había gastado todo lo que tenía, y nada había aprovechado, antes le iba peor, Como oyó hablar de Jesús, llegó por detrás entre la compañía, y tocó su vestido. Porque decía: Si tocare tan solamente su vestido, seré salva. Y luego la fuente de su sangre se secó; y sintió en el cuerpo que estaba sana de aquel azote. Y luego Jesús, conociendo en sí mismo la virtud que había salido de él, volviéndose á la compañía, dijo: ¿Quién ha tocado mis vestidos? Y le dijeron sus discípulos: Ves que la multitud te aprieta, y dices: ¿Quién me ha tocado? Y él miraba alrededor para ver á la que había hecho esto. Entonces la mujer, temiendo y temblando, sabiendo lo que en sí había sido hecho, vino y se postró delante de él, y le dijo toda la verdad. Y él le dijo: Hija, tu fe te ha hecho salva: ve en paz, y queda sana de tu azote."

En cierta ocasión el himnólogo escribió:

"A la casa de Jairo iba Jesús,
una gran multitud iba tras él,
y una pobre mujer llena de fe,
no miró la multitud, fue y le tocó."

El pasaje bíblico comienza estableciendo un cuadro clínico. Dice que "*una mujer enferma de flujo de sangre doce años*", se acercó y le tocó. ¿De qué sufriría esta mujer?

Algunas de las posibles enfermedades son:

- *Enfermedad sistémica, incluyendo ,enfermedad Sistémica, incluyendo trombocitopenia, hipotiroidismo, hipertiroidismo, enfermedad de Cushing, enfermedad del hígado, diabetes melitus, y desórdenes suprarrenales y otros desórdenes endocrinológicos, pueden presentarse con sangrado uterino anormal.*

- *El embarazo y condiciones relacionadas al embarazo pueden asociarse al sangrado vaginal.*
- *Trauma al cuello uterino, vulva, o vagina puede causar sangrado anormal.*
- *Carcinomas de la vagina, cuello uterino, útero, y ovarios deben siempre considerarse en pacientes con el historial apropiado y hallazgos en exámenes físicos. El cáncer del endometrio, asociado con la obesidad, diabetes melitus, ciclos anovulatorios, nuliparidad y edad mayor a los 35 años.*
- *Otras causas de sangrado uterino anormal incluye desordenes estructurales como quistes ováricos, funcionales, la inflamación del cuello uterino, endometriosis, inflamación de las trompas uterinas, leiomiomas, y adenomatosis. La displasia cervical u otra patología del tracto genital puede presentar sangrado postcoital o irregular.*
- *La enfermedad del ovario poli quístico resulta en exceso de producción de estrógeno y comúnmente se presenta como sangrado uterino anormal.*
- *Enfermedades de coagulación primarias, tales como la enfermedad von Willebrand, trastornos mieloproliferativos, y la trombocitopenia inmune, pueden presentarse con menorragia.*
- *El ejercicio, estrés y pérdida de peso en exceso causan supresión hipotalámico conducente al sangrado uterino anormal debido a la interrupción a lo largo de la vía hipotálamo-hipófiso-ovárico*

Hoy día, la mayoría de estos problemas femeninos pueden ser resueltos con medicamentos y cuidado médico. Aunque nada le garantiza que no pasen por lo mismo que pasó esta mujer. Para los tiempos de Jesús, era poco lo que se podía hacer. Vemos en el pasaje que la mujer "*había sufrido mucho de muchos médicos, y había gastado todo lo que tenía, y nada había aprovechado, antes le iba peor*", pero, como escribió el himnólogo, "Tu fama vino a mí, Yo vine a ti..."

Añade el pasaje: "*Como oyó hablar de Jesús, llegó por detrás entre la compañía, y tocó su vestido. Porque decía: Si tocare tan solamente su vestido, seré salva. Y luego la fuente de su sangre se secó; y sintió en el cuerpo que estaba sana de aquel azote.*" Quiero llamar la atención a un muy importante detalle. Dice la escritura que "*luego la fuente de su sangre se secó; y sintió en el cuerpo que estaba sana de aquel azote.*" Ella no regresó a los dos o tres días, o luego de varias semanas o meses. Ella no fue a visitar a su médico para luego venir a testificarlo, sino que luego... se secó.

Luego[46]**:** (Del lat. vulg. *loco*, abl. de *locus*).

1. adv. t. Prontamente, sin dilación.

2. adv. t. Después, más tarde. *Anoche fuimos al teatro, y luego a una sala de fiestas. Estudió derecho, y luego medicina.*

3. adv. t. *El Salv.* **temprano** (‖ en las primeras horas del día).

4. adv. m. *El Salv.* **rápidamente** (‖ con celeridad).

5. conj. ilat. Por consiguiente, por lo tanto. *Pienso, luego existo. ¿Luego era fundado mi temor?*

Es obvio, por el contexto que el vocablo "luego" en este pasaje es un adverbio cuyo significado es el número uno arriba, dado por el Diccionario de la Real Academia Española.

Escribe el himnólogo:

"Alguien me ha tocado, dijo Jesús,
La multitud te aprieta, le dijeron
Al tocarme, virtud salió de mí,
Y con esa virtud, alguien sanó

Yo fui quien te tocó mi buen Señor
Mi mal ningún doctor pudo sanar
Tu fama llegó a mí, yo vine a ti
Y hoy, sanada estoy, perdóname..."

¿Hace Dios Milagros Hoy Día?

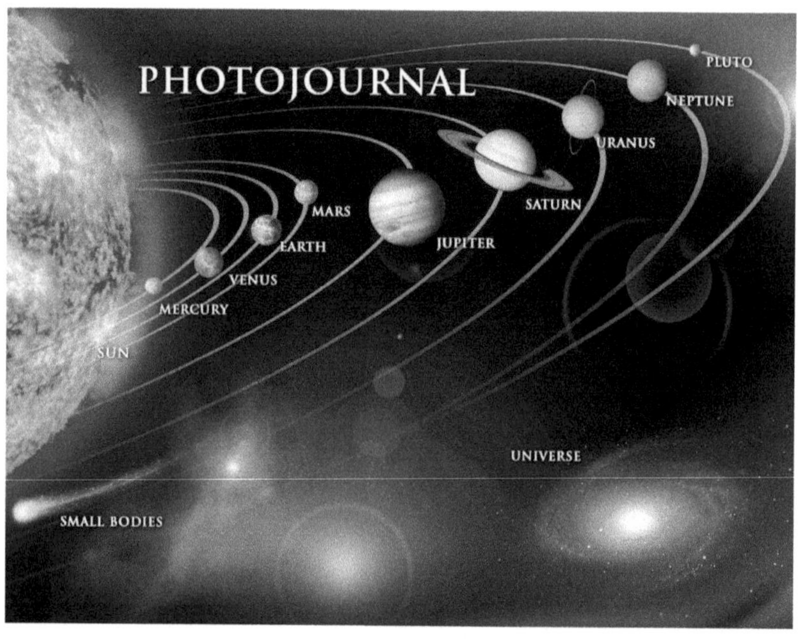

¿Hace Dios milagros hoy día?

Hay quien argumentará que ni hoy día ni nunca. Que todos los llamados milagros son producto del fanatismo y que todo debe tener una explicación científica. Es por ello que, amén de ser el primer milagro registrado, he presentado el milagro de la creación. Según la Teoría del "Big Bang", el universo comenzó de esta forma, con una gran explosión. Como producto de esta explosión, el universo comenzó a expandir y sigue expandiendo hoy día. Todos los cuerpos celestes que vemos en el espacio están ahí porque sí.

Ahora, cada vez que un satélite ha de ser colocado en una órbita, los físicos, astro-físicos y otros científicos calculan el día apropiado, la velocidad y la ubicación del satélite. Si lo colocan demasiado cerca, la fuerza de gravedad lo halará hasta estrellarle contra la tierra. Si lo colocan demasiado lejos, la fuerza de gravedad no será suficiente como para aguantarle. Ellos calculan exactamente dónde debe estar. ¿Por qué si todo lo que hay en el espacio (naturalmente) ha llegado donde está "al azar", no meramente lanzan el cohete y el satélite y que "al azar" se coloque donde debe estar?

En Éxodo 3:13 leemos: "Y respondió Dios á Moisés: YO SOY EL QUE SOY. Y dijo: Así dirás á los hijos de Israel: YO SOY me ha enviado á vosotros." Yo Soy El Que Soy, no hay otro, eso queda claro en Isaías 46:9, donde leemos: "Acordaos de las cosas pasadas desde el siglo; porque yo soy Dios, y no hay más Dios, y nada hay á mí semejante;" Bien, si el Dios que se presentó a Moisés es el mismo del que habla Isaías e hizo los milagros que nos narra las escrituras, ¿acaso ha cambiado Dios? ¡No, no y tres veces no! "*En ninguna manera; antes bien sea Dios verdadero, mas todo hombre mentiroso*[47]*;*" Santiago 1:16,17 añade: "*Amados hermanos míos, no erréis. Toda buena dádiva y todo don perfecto es de lo alto, que desciende del Padre de las luces, en el cual no hay mudanza, ni sombra de variación.*" ***No hay mudanza, ni sombra de variación***. O sea, no cambia, no se muda, no cambia de opinión (lo que era malo hace mil años, ¿podrá ser bueno ahora?).

Todos estamos de acuerdo que, conforme dice Hebreos 8:13, *"Jesucristo es el mismo ayer, y hoy, y por los siglos."* Ahora, si es el mismo ayer, y hoy, ¿por qué no vemos las cosas que hizo ayer hechas hoy? Creo que la base de todo esto es que "*Y si la hierba del campo que hoy es, y mañana es echada en el horno, Dios la viste así, ¿no hará mucho más á vosotros, hombres de **poca fe**?*" (Mat. 6:30).

Considero que Habacuc 2:4 lo establece claramente cuando dice que " *He aquí se enorgullece aquel cuya alma no es derecha en él: mas el justo en su fe vivirá.*"

Todas las gráficas han sido obtenidas de distintos sitios de la internet, entre ellos: sarahbmartin.files.worpress, lavstachurchofchrist, sigma.8, martyrobertsblog, bible-history, s-atheism.about, prophesynewsheadlines, nationalgeographic, thetorahinhaiku, wikipedia, britishmuseum, sawiggins.file.worpress, bibleistrue, cmb.physics.wisc, pecparish, google, google earth, NASA Photojournal y otros

---

1 www.quotedb.com
2 Sagradas Escrituras, Versión Reina-Valera, 1909
3 http://cmb.physics.wisc.edu/tutorial/bigbang.html
4 Sagradas Escrituras, Versión Reina-Valera, 1909
5 Génesis 47:9
6 Exodo 1:5
7 Génesis 48:28
8 Génesis 50:26
9 Exodo 1:7, 8
10 Ibid
11 Exodo1:10
12 Génesis 15:13
13 Kolog, Daniel, M. A., citado en www.tifanyweb.bmls.com, basado en un escrito presentado en la Conferencia sobre Sexo y Género, "The Egypt Centre", Universidad de Swansea, diciembre de 2005
14 Exodo 3:1
15 Exodo 2:21, 22
16 Exodo 7:7
17 Exodo 3:19
18 Exodo 7:3
19 http://www.scripturestudies.com/Vol11/K6/ot.html
20 Museo Británico (www.britishmuseum.org)
21 http://oi.uchicago.edu/OI/MUS/ED/TRC/EGYPT/animals.html
22http://mx.answers.yahoo.com/question/index?qid=20100517071752AAsdjIL
23 http://www.beauty-cosmetic-guide.com/lang/es/skin-abscess.htm
24 http://www.digitaljournal.com/article/288169
25http://jocasar.blogcindario.com/2010/06/00001-las-plagas-de-egipto-y-su-significado.html
26 Job 38:22, 23
27 Exodo 12:41
28 wikipedia
29 Exodo 14:2-4
30 Exodo 14:11, 12
31 Exodo 14:21
32 http://www1.american.edu/ted/ice/westbank.htm
33 http://ircamera.as.arizona.edu/NatSci102/NatSci102/lectures/copernicus.htm
34 http://cseligman.com/text/sky/rotationvsday.htm
35 1Corintios 2:13a
36 1 Corintios 2:13b
37 http://lascosasquenuncaexistieron.com/Articulos/87/posesiones-demoniacas-y-exorcismos
38 http://www.gospel-mysteries.net/demonic-possession.html
39 Diccionario Enciclopédica Vox 1. © 2009 Larousse Editorial, S.L. (http://es.thefreedictionary.com/catalepsia)
40 http://www.enotes.com/forensic-science/decomposition
41 http://www.wereyouwondering.com/how-long-does-it-take-for-a-body-to-decompose/
42 http://www.bible-history.com/geography/seasons_months_israel.html
43 http://serjudio.com/rap2601a2650/rap2613.htm
44 http://www.crissangel.com/episode/mindfreak-season_four/7980__walk_on_lake
45 http://www.google.com/search?q=val+valentino+vs+criss+angel&sourceid=ie7&rls=com.microsoft:en-us:IE-SearchBox&ie=&oe=&rlz=1I7RNRN_en#q=val+valentino+vs+criss+angel&hl=en&rls=com.microsoft:en-us:IE-SearchBox&rlz=1I7RNRN_en&prmd=ivnso&source=univ&tbs=vid:1&tbo=u&sa=X&ei=s6GTTYLdK8egtgfln9Rw&ved=0CEoQqwQ&bav=on.2,or.r_gc.r_pw.&fp=bbd0d3c6de1d3c2c
46 http://buscon.rae.es/drael/SrvltConsulta?TIPO_BUS=3&LEMA=cultura
47 Romanos 3:4

www.ingramcontent.com/pod-product-compliance
Ingram Content Group UK Ltd.
Pitfield, Milton Keynes, MK11 3LW, UK
UKHW020237250726
13967UKWH00001B/409

9 781257 370641